東京大學東洋文化研究所
大木文庫藏明清稀見史料匯刊

第二輯

⑥

上海古籍出版社

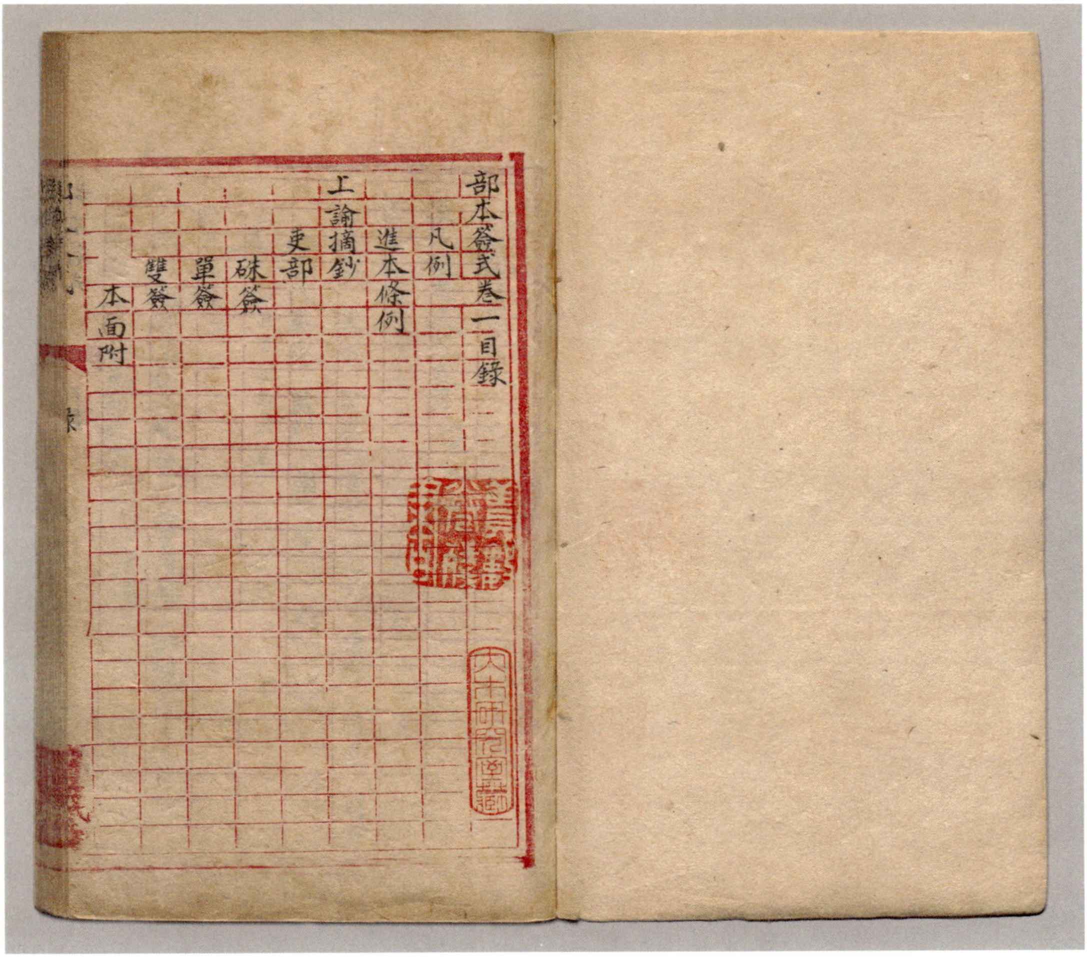

部本簽式（一）

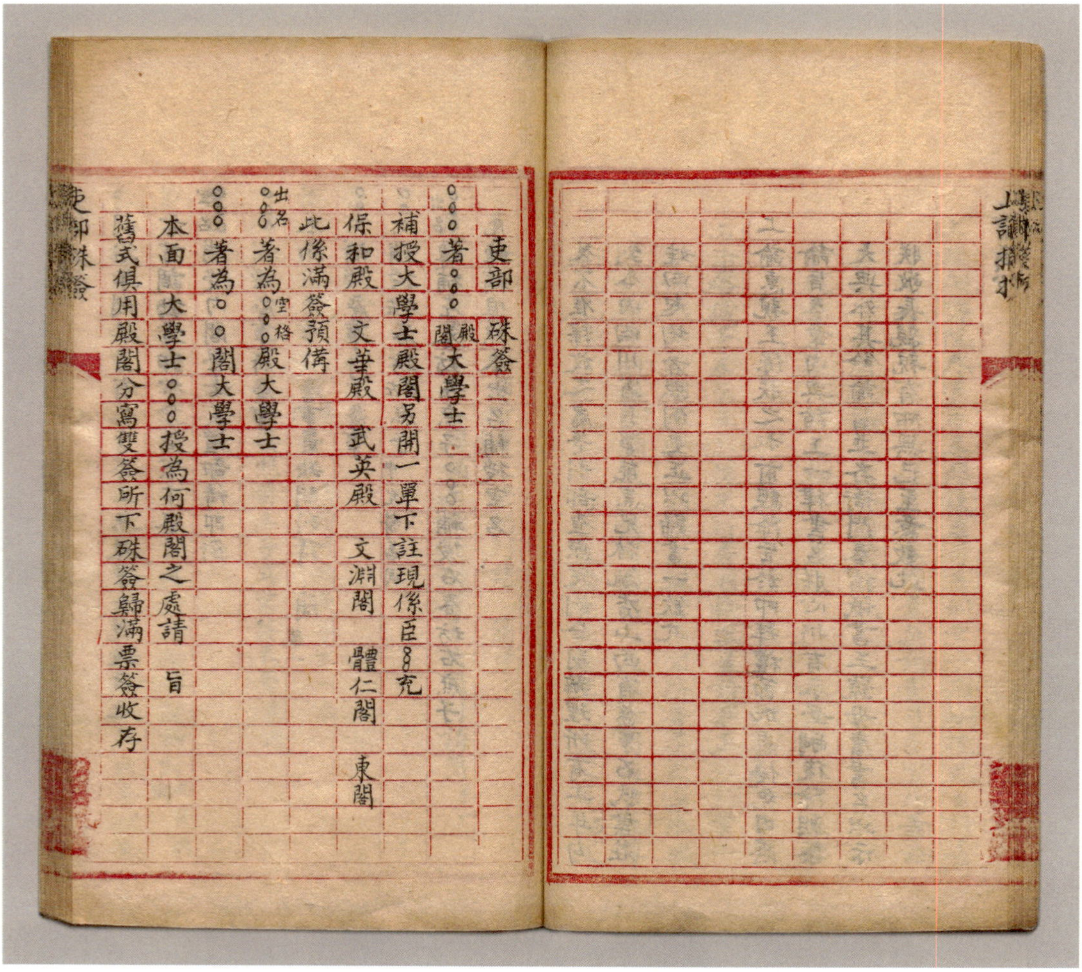
吏部硃簽

吏部　硃簽
〇〇〇著〇〇〇殿閣大學士
補授大學士殿閣另開一單下註現係臣８充
保和殿　文華殿　武英殿　文淵閣　體仁閣　東閣
此係滿簽預備
出名〇〇〇著為空格〇〇〇殿大學士
〇〇〇著為〇　〇閣大學士
本面　大學士〇〇〇授為何殿閣之處請　旨
舊式俱用殿閣分寫雙簽所下硃簽歸滿票簽收存

部本簽式（二）

本册目録

部本簽式

部本簽式

《部本簽式》六卷，原與《通本簽式》四卷共一帙，其中《部本簽式》六册、《通本簽式》四册。編纂者姓名不載。據《通本簽式》卷一所載「應避字様」中皇帝廟號、謚號至「穆毅」，兩書應編纂於光緒年間。清代承襲明朝體制，經由内閣處理的上行公文書稱爲題奏本章。題本又分部本和通本，部本爲在京部院及府寺監各衙門的題奏本章，通本爲將軍、督撫、提鎮、學政、順天奉天府尹、盛京五部等地方官員的題奏本章。兩書搜集整理各種内閣票簽成規的適用情形，需要簽注説明的情形，以及説貼格式。《部本簽式》内容包括：人事、司法、祭祀等一般行政事務的票簽格式（凡例），進呈題本的規章（進本條例），皇帝上諭規定的票簽格式（上諭摘抄），六部硃簽、單簽、雙簽、本面格式，在京各院府寺監司單簽、雙簽格式，六部單簽、雙簽説貼格式等。（桂濤）

部本簽式卷一目錄

部本簽式

目錄

凡例

議敘議處應出名者　五六品京堂上

京官文職

通參　理少　常少　僕少　光少　鴻少　司業　府尹

府丞　監正　監副　閣讀學　翰詹科

道　庶吉士不出名

京官武職

步軍統領　前鋒統領　護軍統領　都統

侍衛上行走兼都統銜　侍衛不出名

凡例

副都統　副都統品級　內務府總管
奉宸卿　武備卿　上駟卿　鑾儀使　札薩克王公
公侯伯爵　子男不出名
外官文武
督撫　藩臬　學政　鹽政　將軍
提督　總兵　陵寢總管新疆各處辦事大臣
織造關差兼奉宸院卿者出名否則不出名
蒙古王子阿拉布坦多爾濟不出名此兼都統若外藩王公貝勒則
鹽運使不出名　察哈爾總管不出名

部郎出學差同學政

此專論人事情雖經出名如罰銷開復加級等若事重則自

知縣守備以上俱出名如題升調補實降革等

按副都統品級與協領加副都統銜者不同兵部片云議處

本副都統銜向不黏簽似亦可不出名

輔國將軍　奉恩將軍俱不出名

外官罰俸不註抵　外官旗員罰俸註抵

一因公議處降革文職自道員以下州縣以上武職自副將以下

守備以上票雙簽其臬司以上大員州同以下微員及提鎮

凡例

大員千把徽弁雖因公處分不票雙簽

一州同等佐貳倘署州縣任內因公議處實降者亦不票雙簽吏

部亦不出名片

一文職自知縣以上武職自守備以上及叅領佐領等官凡緣事

實降實革者俱摘敘案由出名

[illegible]武職[illegible]有公罪

此指私罪字樣仍依議單簽

恩騎尉同

一京員及八旗武職因公罣誤者不票雙簽 命下之日如係可

用人員聽各衙門自行保奏京員八旗武職如公罪實降實革

只票依議單簽如私罪摘由出名下加說帖

一一切私罪不票准簽如失察科場舞弊諱盜失察邪教
失察會匪玩視民瘼報灾遲延失察私墾地畝奉旨
嚴議之件四參限滿先經參奏奉○○旨解任質審定擬仍
交部議處
道光十年三月二十三日奉
旨伯都訥理事同知文慶於該處民人王安等私開荒地隱種一
千餘畝之多未經查出非尋常失察可比著照部議革職嗣後
如有似此失察私墾地畝之案即照部議辦理毋庸票擬准簽
一外省違例專摺奏請升調經部議駁必其中有實在人地相需

字様方票叓簽有說帖道員以至州縣同

一違例升調雖專摺奏請經部議駁不票叓簽者十四條

試俸未滿　年限未滿　革職留任未經開復未經補缺之試

用令請補省會首縣　親老告近佐雜無卓異保荐各項應升

之案　地方升管河請　旨缺　選缺　試署尚未實授　出

缺在先盜案二叅三叅四叅

又繁缺不准再調繁如調省會首邑係擇人起見用叓簽加說

帖

一邊要缺不將現任人員請調另將候補委試用人員奏請加說帖

凡例

出缺在先而奉○○旨儘先升用在後亦不票擬簽
五十九年奉○○旨調補州縣如無別項事故止於歷俸未滿三
年與例不符者票擬簽加說帖
年限未滿試俸未滿恐本內如此寫註故併題出以杜含混
參罰在十五案以內擬簽十五案以外單簽
凡吏本內如竊刦等案有二參降留字樣即係盜案展參有關
降調雖專摺奏請不票擬簽
十四條之外又新虧五千兩以下先降二級戴罪督催未經開
復者亦不票擬簽

凡部駁之之本督撫接奉部駁後即將該員處分題咨開復仍以原缺升補復經部駁本內有易起為人留缺之弊一語此雖不在十四條之內亦不票雙簽二十五年九月初一日進福建浦城令陳姓題署厦門同知

一月選官首員出名票○○○等如教職佐雜凡各為一本者同然出名之員照本不照本單亦不盡照旨意片即知縣對調照本處式樣票寫不照吏部來片

一部中簽升簽補者票依擬用議覆准升准補者票依議用文官州縣以上武弁守備以上補授者始出名題署則否以下佐雜

千把准補准調准實授者俱歸彙題票依議惟盐大使河工佐
雜等請實授者得出名大挑舉人借補盐大使亦出名
一題報丁憂病故係請。。旨早經補放有人者須將原旨票在已
有旨了之先不可遺漏一字若首府遺缺簡放者不必票出仍
票議奏知道　此條係歸通本
一外省題參官員或文或武舉人之類有須革職嚴審者俱應票
出革職革去舉人字樣
廣西來賓令倪思蓮升桂林府龍溪通判此件前經題升因盜
案尚未開復且題請亦無雙請之例茲查前次盜案業經開復

凡例

查銷止於命案故亦票雙簽秦州直隸州三岔州州判范伯棠
請升金縣知縣吏部查定例下敘該員有盜案三叅及錢糧處
分等案該員係軍營出力奏請遇有應升缺出升用之員其一
切因公處分毋庸核議可否准升之處例得聲明請○○旨惟該省
現有候補人員議駁其盜案處分既無庸核計故票雙簽
湖南靖州牧諸嘉杏升補○○府部駁初次邉俸已滿五年二次
邉俸未滿堂定單簽
　本内雖無年限未滿四字實則二次邉俸即係年限
一禮部題旌壽民本章凡百一歲至百十歲者票賞給緞一疋銀

十兩百十一歲至百二十歲緞二疋銀二十兩以上遞加若百
一歲以上而又五世同堂者票再加恩字樣若百歲請旌又僅
止五世同堂者則票依議

一補授副將某人某省某營某官俱全票出署理者亦然若叅將
以下則否

一雲貴川廣五省老病勒休武弁或有弓馬生疎字樣即票某人
著勒令休致蓋邊疆以武事為重也本面寫明查履歷

一刑部有夾簽者本面寫夾簽請。。旨若無夾簽只云聲明。。。。
情節減等減流請。。旨說帖同

凡例

一斬絞罪犯出名徒流以下則否票依議

一救親情切或誤傷死期親尊長並非有心干犯刑部夾簽請〇〇

旨票雙簽一斬決一斬候

一因瘋因姦傷死期親尊長者添九卿定議具奏雙簽

一太常寺祭祀本遣員俱寫單內首名本面寫照單寫簽

供事於本面註明上次所奉旨

一凡法司速議之本不過五日限期如有舛錯令其更正不可遽

撤

一朝鮮年貢表例不票簽其票簽者皆奏賀奏謝進貢方物之表

其方物狀亦各隨表照式錄出進呈亦不票簽其進貢○○皇太后前方物只有狀無表錄出進呈如年貢表同謝恩表進呈說帖內須聲明年貢表例不票簽

一朔望日不進立決本三十日十四日同蓋此日見面之本初一十五尚須覆奏故也

一不進刑名本之日他本內有傷亡病故丁憂墳塚屍棺倒斃等字樣俱宜撤

當祭日不進本　經筵日　千秋令節　重九令節

○○皇上香山登高　輟朝日　八月二十七日○○先師

凡例

誕辰　謁陵啟鑾回鑾日俱不進刑名本　御門日不

進宻本

宻本如禮兵二部請點考官欽天監觀候等有封套者

一御門既有日期則吏部之缺本兵部之給俸刑部之夾簽請○旨

諸宜撤

一御門備簽如兵部刑部之雙簽只寫加恩草簽一支吏部缺本

另票空名草簽一支不用名簽以備臨時填寫某月日悉照原

本書寫不寫御門之日

一凡各省大計本限二月初十日内進呈部本限二月二十日内

一凡各省大計本限二月初十日內進呈部本限二月二十日內進呈

一凡特旨大學士會同九卿科道議奏之本係內閣主稿前後銜俱大學士出名簽內於月日下寫大學士〇〇〇等

乾隆三十年五月十八日進會議官卷一本

進本條例

圜丘

祈穀

常雩

皇帝親詣行禮前三日齋戒及祭日俱不進本

方澤

社稷壇

太廟時饗祫祭

皇帝親詣行禮前三日齋戒不進刑名本祭日不進本

進本條例

皇帝親詣

奉先殿一日不進立決本

皇帝謁

陵日不進本

巡幸

盛京展謁

三陵禮成

陞殿慶賀一日不進本

社稷壇祈祀報祀

皇帝親詣行禮前三日齋戒及祭日不進刑名本如遇親行礼前三日不進立決本祭日不進刑名本

三壇祈祀報祀前三日齋戒及祭日不進立決本

黑龍潭

龍神廟祈祀報祀

皇帝親詣行禮一日不進立決本

恭進

玉牒日不進立決本

萬壽聖節

千秋令節元旦冬至進禮節本章之日及王大臣進賀表表之

進本例

日俱不進刑名本

封印開印日俱一日不進本

皇帝臨雍

大閱

臨幸翰林院

陞殿

啟鑾

回鑾文武傳臚日

先師誕日

佛誕日立春重陽日開印後三日奉
旨輟朝日俱不進刑名本
鴻臚寺奏請
陞殿日端午日中秋日俱不進立決本
凡開印後第一次
御門例無刑名本
以上各條查會典所載與嘉慶二十一年正月十八日刑
部原奏嘉慶二十五年十月初四日内閣原奏及内閣現
行則例俱屬相符

進本仍依

日壇

月壇

先農壇

歷代帝王廟

先師廟

皇帝親詣行禮前二日齋戒不進立決本祭日不進刑名本如

遣員行禮一日不進立決本

內閣現行則例載咸豐二年三年祭

夕月壇

朝日壇

皇帝親詣行礼俱二日不進刑名本祭日不進本

又載

先農壇前二日齋戒不進刑名本祭日不進本

查嘉慶十九年八月初十日奉

上諭嗣後凡遇中祀日期如親詣行禮著毋庸進本欽此

皇后親詣

先蠶壇一日不進立決本嘉慶二十一年正月十八日奉

旨改定准進立決本

進本條例

實錄告成恭進日不進本
皇帝御中和殿恭覽
實錄日不進本
每月初一日及庚辰日俱不進刑名本今改遇辛未日不
進刑名本至每月初一日不進立決本係嘉慶十三年奏
定章程迨十七年八月初三日報到奉
旨改進刑名本惟不進立決本歷經遵行在案與內閣原奏及現
行則例相符
萬壽聖節前一日及正日俱不進本前後十日俱不進刑名本

查向例一月不進重辟本後減為二十五日嘉慶二十五
年奉
旨改緦服期內不進刑名本一月不進重辟本
千秋令節不進刑名本查內閣則例載咸豐四年七月十二日
皇后千秋令節前一日及正日例不進刑名本次日不進重辟
本
冬至次日
陛殿行慶賀禮一日不進本
皇子婚日公主下嫁日歸省日

進本[illegible][illegible]
冊封
妃
嬪日俱不進刑名本
查內閣原奏載
皇子完姻公主下嫁及歸省日嘉慶二十一年奏
旨改不進立決本
冊封
妃
嬪日嘉慶二十一年奏

旨改照常進本進禮節日同現行則例遵照辦理
道光二十五年七月二十五日奉
上諭嗣後貴妃以下及阿哥公主等遇有舉行吉禮時各衙門應
題應奏事件俱著照常呈遞毋庸迴避欽此
朝審秋審日勾到日不進刑名本嘉慶二十一年正月十八
日刑部具奏奉
旨進進刑名本内閣現行則例載不進立決本
以上各條查照節次遵改事例與會典所載不符内閣現
行例載咸豐七年十一月初七日冬至

進本條例

天壇大祀奉
旨遣睿親王仁壽恭代前三日不進刑名本祭日不進本
皇上親詣
天神壇祈雨謝降前一日齋戒及祭日俱不進刑名本刑部原奏載
嘉慶二十年十二月奉
旨嗣後祈雨祈雪期内若立決人犯應在京處決者毋庸具奏如
係在外省處決者俱照常進本欽此後祈報及齋戒日期
如遣員行禮應遵二十年所奉
諭旨在京處決者毋庸具奏其餘具照常進本如恭遇

皇上親詣行禮應照中祀之例欽遵十九年原奉
諭旨毋庸進本
經筵日
耕耤日
皇上御惇叙殿筵宴宗室一日不進立決本
恭進逢
列聖
列后忌辰日不進立決本
宣宗成皇帝忌辰不進刑名本
進本條例

進本例

宣宗成皇帝誕辰不進本今改

穆宗毅皇帝忌辰不進刑名本 十二月初五日

穆宗毅皇帝誕辰不進本 三月二十三日

每年除初次恭遇

皇上御門之日不進刑名本外此後每逢

御門日期進刑名本五件不進立決本咸豐四年七月十二日

皇上御門辦事適在迴避期內刑部聲明請

旨奉

旨御門係常朝仍應進本入班欽此 未進法司通本

皇上陞殿頒詔日不進刑名本
皇子皇孫誕生日不進立決本今改照常進本每年封印前
一日內閣恭進各省慶賀表章日期是日進尋常本一件
不進刑名本
每年小暑節起至立秋日止不進直隸山東山西河南
盛京五省及刑部現審立決本嘉慶二十一年奉
旨改自小暑節至立秋日祗不進現審立決本自大暑節至立秋
日再停進直隸山東山西河南
盛京五省立決本

進本條例

禁止屠宰日期每月初一十五日俱不進立決本每逢不
進立決本並不進刑名本之先一日俱不進立決本因所
進本章係次日述
旨適值不進立決本刑名本日期是以一體迴避
以上各條分載内閣原奏刑部原奏及内閣現行則例俱
會典所無

上諭摘抄

嘉慶五年十二月十四日奉

上諭嗣後遇有失察邪教議以革職降級之本不票雙簽欽此

嘉慶　年五月十五日

慶董中堂諭本日吏部議處未能查拏結盟擔匪之署臨川

令徐詰一本現奉

旨著照部議降一級調用並面奉

諭旨以失察擔匪結盟之案非尋常因公議處可比嗣後如遇此

等議處之案不必票擬送部引見雙簽欽此著交滿漢票簽

上諭摘抄

存記遵辦可也
嘉慶　年軍機大臣口傳
諭旨嗣後遇有
實錄校寫錯誤議處之本不票雙簽欽此
又軍機中堂面奉
諭旨嗣後凡遇
中祀日期如親詣行禮著毋庸進本欽此
中堂諭凡遇不進刑名本章日期所有在京各該衙門及
通本内如有丁憂病故人亡產絕捐軀殉節等事亦槪行

停止呈進即知會各衙門一體遵辦

嘉慶十二年內閣會同刑部奏定章程如遇凌遲斬決速

議之件刑部另行摺奏不題

上諭王汝璧具題乘時買補倉穀一本已批交該部察核具奏

實矣惟本內張誠基率寫張巡撫並未書名經內閣票擬飭行

尚覺過輕向來臣下題奏事件無不書名今王汝璧於題本

內書寫張巡撫屢見若該撫於此項題本曾經寓目豈有不

改正之理可見外省習氣於尋常題本率委之書吏繕寫全

不留心閱看實屬疎忽王汝璧著交部議處嗣後內閣於各
省題本遇有一二字訛錯小有違式無關緊要者仍照舊夾
簽請旨飭行若有似此等舛錯太甚關係體制之處即於本
內夾片聲明請旨交部議處欽此

旨嗚清著實降三級以京官用其本有加一級不准議抵嗣後
凡人命重情經呈控到案後為上司批委提訊者若不親為
提審遲延至半年以上者即著實降三級調用毋庸查級議
抵內閣進本時亦毋庸擬雙簽著為令等因欽此

旨嗣後各省所進命盜各案及貼黃內於某縣下人犯姓名上
添寫民人旗人等字樣不得仍前率於州縣下直接犯名以
清眉目欽此

上諭前因刑部等衙門題覆奉天民婦段李氏因瘋毆傷伊夫
段廷儒致斃一案將該氏問擬斬決內閣亦以李氏著即處
斬票擬進呈與胞弟因瘋毆傷胞兄致死改為斬候者辦理
有異因命刑部堂官查明舊例成案詳細具奏茲據刑部覆

奏以妻之於夫服屬三年其因瘋毆死及誤殺可矜者均按本律問擬概不加簽從前曾有奉旨敕下九卿議改斬候者亦有奉旨立決改為監候者等語刑部以服制為重妻之於夫服屬三年固當按律問擬然亦有平日並無淩犯實係一時瘋發毆夫致斃者究屬一線可原揆之情法亦不可不量從末減嗣後遇有此等婦人因瘋毆斃本夫之案確鑿無疑者刑部仍按本律定擬具題內閣核明本內夾敘說帖票擬九卿議奏及議斬決雙簽進呈候朕定奪所有奉天段李氏一案著九卿議奏欽此

旨此案鄭源挾制逼姦高殿元之妻耿氏致高殿元夫婦被逼難堪不敢控告先將幼女任妮搯斃寫立寃狀分揣懷内一同自縊斃命情殊兇慘鄭源著即處斬餘依議嗣後如有似此因姦威逼致死一家三命者毋庸定擬斬候即照此案定擬斬決著刑部載入例册遵行欽此

旨此案周茂功因與伊父周立夫共食該犯專食炒莧經周立夫以好菜應留父喫向斥該犯以工作辛苦菜飯亦要儘喫

之言回答周立夫氣忿起毆該犯逃跑周立夫追赶地滑失
足側跌致被木凳墊傷當經該犯與族鄰周吳氏扶救旋因
傷重殞命是周立夫之死實因地滑墊跌傷重周茂功尚無
忤逆情事著改為斬監候入於明年秋審情實餘依議欽此

首此案王世明之父王應隴素患黃腫病症令該犯往買猪蹄該
犯一時無錢以無錢往買回答其父持刀向砍該犯手拉刀
把跪地求饒其父奪刀手滑自行劃傷大指手背該犯代將
傷處包護越五日因病身死是其父實死於病非死於傷核

其情節尚非有心忤逆王世明著改為斬監候入於本年秋
審服制情實餘依議欽此

上諭刑部具題圖姦謀死幼子之曲朱氏一本曲朱氏圖姦謀
死親生之子本内擬以絞監候秋後處決朕看出以為毋無
償子之理舊例應永遠監禁飭部詳查覆奏今據查明實係
應入緩決永遠監禁之犯該部引例錯誤奏請更正分別議
刑部堂官著交部議處
處所有承辦此案之刑部司官著交部嚴加議處内閣票簽
之員並是看本之大學士未能查明更正著一併交部察議

上諭[illegible][illegible]

欽此

旨此案魏粹一與夥盜共二十二人乘夜爬進漳浦縣城行刼蔡本猷當鋪入室搜贓罪應斬決該犯爬越進城較白晝混入城門及行刼後越城逃出者尤為藐法魏粹著即處斬仍梟首示衆以儆兇頑嗣後有爬越入城行刼罪應斬決者俱照此例加以梟示其失察黨夜越城之官員兵丁並著查明分別㕘處責革餘依議欽此

旨三法司衙門具題湖南省杜梅兆偷竊伊母黄氏花錢致母
自盡一案依違犯教令例擬以絞候固屬按例辦理今細核
案由杜梅兆素性遊蕩不服其母管教將所分得田畝賣盡
欠債無償經伊母將贍田轉賣代為還債杜梅兆復忍竊取
以致伊母抱忿投繯即無忤逆情節亦不得齒於人類杜梅
兆著即行處絞嗣後遇有此等案件法司衙門仍按例定議
具題内閣仍照擬票簽即將案加具說帖隨本聲明候核奪
欽此
咸豐三年十一月初六日

上諭摘抄

上諭都察院奏遵查具題議處司員例案一摺嗣後凡自行查出檢舉案件應將所得處分寬免者無論堂司各官均著於具題時應否免議之處聲明請旨欽此

咸豐三年十一月初七日奉

上諭裕誠等奏票簽前後不符查明檢舉並請更正以歸畫一等語此次內閣票寫勾到簽式與上年不符著查取票本職名交部照例議處嗣後凡遇因瘋殺人並卑幼因瘋致死尊長及妻因瘋致死夫者均著票擬永遠監禁其應否查辦及

及不准釋放之處著刑部查照定例分別辦理所有上年勾
到本内四川省舊事熊黑兒林毓秀山西省舊事石氏葉莊
娃四起均著照例更正以歸畫一欽此

上諭惠親王係朕之叔前經降旨於叩拜禮節加恩優免因思
諭旨奏章内與諸王一律書名朕心仍有未安嗣後除朝祭
大典外其餘諭旨並各衙門奏摺祇書王號毋庸書名以示
朕敬長親親有加無已至意欽此

吏部　硃簽

○○○著○○○殿閣大學士

補授大學士殿閣另開一單下註現係臣○○充

保和殿　文華殿　武英殿　文淵閣　體仁閣　東閣

此係滿簽預備

出名○○○著為○○○空格殿大學士

○○○著為○○閣大學士

本面大學士○○授為何殿閣之處請旨

舊式俱用殿閣分寫雙簽所下硃簽歸滿票簽收存

吏部硃簽

同治年間俱另有○○旨簽上無硃筆未親政故也

亦有調動者即下○○旨不下簽

空名○○補授內閣學士兼禮部侍郎銜

○○補授詹事府詹事

本面

詹事府詹事員缺開列請　簡　單一

○○補授詹事府少詹事

○○補授左右春坊左右庶子中允贊善同

出名○○轉補左春坊左庶子○○補授右春坊右庶子

凡轉補俱照本出名補授空名

左春坊庶子轉補所遺之缺開列請　簡単一

詹事府右庶子某人轉補左庶子所遺員缺開列請簡単一

此係本面近式

○○○補授司經局洗馬

○○○補授翰林院侍讀講學士　侍讀侍講無學士二字

以上各缺凡有轉補俱照前庶子式寫簽本面亦同

著○○○○○○教習庶吉士

○○○○○○○俱授為翰林院編修○○○○○○○俱授為翰林院檢討　庶常授職

○○○授為翰林院修撰○○○○○俱授為翰林院編修此非硃簽照本

吏部研[illegible]

出名

○○○補授○○道監察御史○○補授○○道滿監察御史

○○○補授○科掌印給事中給 給事中

○○○補授國子監祭酒

國子監司業著○○○署理

○○○補授宗人府府丞

○○○補授順天府府尹 丞 奉天府同

○○○補授通政使司通政使 副使參議同

○○○補授○○寺卿 少卿同

○○○補授欽天監監正
左監副員缺著○○○補授右監副員缺著○○○補授
欽天監太醫院大小官員近日係該衙門帶領引○○見照○○旨
意片寫簽
伊朝棟著解任開缺○○○補授光祿寺卿
向例題奏京堂告病票雙簽准開缺後方進補授本此係伊子
呈請告病部中代題請補之人合為一本酌票此式乾隆五十
八年十一月初二日
御門下

右之部朱簽

提督○○學政著○○去

學政間有由本放者照此式不用省字

○○○著内陞餘依議　外省司員開列内陞

○○○補授○○省總督巡撫　河道漕運總督同

○○○補授○○省布政使司布政使　按察使塩運使同

督撫藩臬運出省分　河督出○河字　漕督不用省分字此

舊式近俱不由進本簡放矣

○○○補授大學士　空名簽

大學士員缺開列請

簡　乾隆三十八年八月初一日進

○○○著前來照舊辦事出名簽

○○○著原銜仍爲文淵閣大學士兼工部尚書出名簽

大學士服闋　乾隆十六年五月初十日進

宗丞　府尹　常卿　理卿　通政　詹事　光卿　僕卿

通副　常少　理少　鴻卿　僕少　順丞　閣讀　祭酒

通參　少詹　光少　鴻少　洗馬　欽天監監正

以上三品至五品俱票空名簽

現自侍郎以上俱係開缺之日即奉

旨補授無由進本補

授者倘有亦照票空名簽

吏部研

吏部　單簽

月選州縣官有對調者紅本内夾片恭録○旨意票簽照寫惟十二月及正月分月官俱於二月初引○見同日奉○旨紅本則按月各題不必同日進呈如十二月分無對調正月分内有對調其十二月分紅本内雖夾片全録○旨意只票○○等依擬用其對調者不票出俟正月紅本再票　嘉慶二十五年二月十四日進十二月分選官賈大夏一本内將正月分對調桐鄉清流二縣録片只票賈大夏等依擬用簽又三月初十日題二月分大選紅本内有四人對調有一人告近吏部已經扣除而○○

旨意仍將四人對調全錄簽內只票三人其扣除者不票出
○○○等依擬用餘依議
○月分○選教職佐雜官員 ○月分擬補○○官員大選急選月
官漢缺只將首員出名餘歸等字如有加級紀錄並隨帶等事
統歸餘依議雙月為大選單月為急選 又升銜留任及未經
引○○見者無論教職佐雜凡各為一本者首員俱出名照本不
照單以單內或有扣除未經引○○見人員也亦不盡照○○旨意
片以無庸引○○見人員○○旨意片無名也兵部同月選推升簽
升滿員皆引○○見後題本照○○旨寫簽亦有已奉○○旨依擬用

而補行引○○見者亦照○○旨寫簽惟籤升後調取引○○見其原
缺分別郎開與否則票依議總分奉○○旨以前以後而已兵部
月選與此不同　又簽升各官如有候定字樣票依議照例開
缺行令引○○見票依擬開缺為重也○已引○○見已奉○○旨後
補題一也先奉○○旨補行引○○見後補題二也已奉○○旨未引
○○見行令引○○見補題三也皆票依擬用惟未奉○○旨未引○○
見簽升後行令開缺且有俟引○○見後開缺調取引○○見則票
依議○補題無○○旨意片
月選官須將本與單對查名數

凡歸帶領引○○見之缺不進本引○○見後補題

凡簽升官員無論大小均出名

主事留部補缺以月選故出名

推升學正各官出名

有選後告病下月始驗看者出名

凡由部擬補京官

如本内係坐升即照本票

○○○依擬用

掣補各官

補行驗看佐雜同無○○旨意者亦出名

准補各省將軍衙門筆帖式

主簿降補欽天監五官正有○○旨意片

○○等依擬用

各部院微員擬定正陪移送吏部

欽天監擬定正陪　俱照○○旨意片寫簽

○○○○○○俱依擬用

禮部科甲員外郎員缺著擬正之恩蔭補授

○○○依擬用工部科甲員外郎員缺著擬陪之圖薩布補授

乾隆四十七年進

滿月官如単題一員擬定正陪者照此式莫只票依擬用如總
題數員而擬正者在後仍票依擬用又於依擬用下票出在後
之擬正陪者如總題而擬定正陪者在第一員則票○○員缺著
擬正之○○○補授餘依議用或将依擬用数員全出擬正之員
単出亦分曉○○○等依擬用○○○著仍留同知原任簽升各官
本内有以升銜仍留原任者如四川坐藏粮臺等類
○○○依擬坐補升○○○依擬用
陵寢司員坐補坐升在前滿月官引○○見在後者照此式如○○○
陵寢官升銜留任餘依議

○○○依擬調補

盛京司員年滿調京內六部　照○○旨意片寫簽

熙明恩志俱依擬調補

陵寢司員因迴避掣簽對調　同治四年十月票

○○○等依擬用掣得○省○縣知縣之○○著調補○省○縣知縣

所遺○縣知縣員缺著掣得○縣知縣之○○○補授餘依議

月選對調　簽上○省省字可節因連看未分明故也

○○○依擬用掣得某省○縣知縣之○○○著以教職用所遺○縣

知縣員缺著擬正○縣知縣之○○○補授餘依議

月選改教

○○○等依擬用掣得廣東○縣知縣之○○○著調福建○縣知縣所遺○縣知縣員缺著掣得江西○縣知縣之○○○調補所遺○縣知縣員缺著掣得福建○縣知縣之○○○補授餘依議

月選三人互調

舊案依擬用不若近票依議用為妥

○○○依議用

如本内數人請實授内有不准實授者其准實授者當全出名不准者歸餘依議莫票○○○等依議用惟全准者方票○○○等

議覆准補各官升補同　吏部有夾片者偶出名
○省即用候補令○○准補○○仝片一
外官州縣以上試署期滿准實授
○省署○○令○○期滿准實授
大挑舉人借補盐大使
議覆鴻臚寺咨補鳴贊
河工佐雜　盐大使　藩庫大使　運庫大使
提牢期滿請補主事　盐經歷係佐雜出名
凡大員出名以人重也此與月選等官出名以事重也同通出

吏部單簽

名知縣所升也布經理問不出名而庫大使出名不特慎重錢
糧以其中有舉班借補故也又新章軍功初任人員本内雖云
准補但有仍令試署一年題請實授二語仍只票依議二字
仲
宫依議用其序班一缺著擬正之瞿汝方補授
同治元年九月十八日進吏部一本本内有照咨鳴贊一缺該
員擬補其序班一缺該瞿汝方擬正
○○○擬陪係兩缺同題一本故於擬正上出缺分
著擬正之○○○補授
鴻臚寺咨請序班擬定正陪具題不引○見即將擬之正之○○○

出名照此票如一人二一缺則票依議

○○○依議補授

題補盐運使道員　如府以下係依議用

道員先署後題准實授者票實授

○○○依議調補　如坐補則票坐補

○省○○令○○○准調補○○令

題覆准調各官道員至州縣及河工佐雜同

張來陽依議調補餘依議

知縣迴避揀員對調其揀調之員係委署故不出名○○○依議

調補○○○等依議用
准調在先准補在後
○○○依議調補
兩人對調　如兩人各調各缺則票○○○○○○俱依議調補
盛京司員年滿調補在京各部　照片寫簽
近來主事調補多不出名存參
○○○依議用准其與○○○對調
候補令○○○請補○○令因人地相需准其與○○令○○○對調
依議○○○依議用

題署在先者照此式　一題署一補授

理事同知○○可否以京員改用候○定遺缺以委用同知○○補

用　按此本亦可票○○依議用餘依議

費元燮依議調署陳靄依議調補餘依議陳靄因調補費元燮

遺缺故調署亦出名

○○依議調補畢沅著罰俸六個月李侍堯著罰俸三個月

准調之員在先而違例請調之大員議處在後

托津文孚黃鉞英和汪廷珍嚴烺俱著加一級長齡曹振鏞蔣攸

銛俱著加一級抵前降一級那彥成仍著加一級餘依議

道光五年三月初二日吏部題○京察議叙加級等因

大員加級紀錄出名

世鐸德長俱著於親王上加一級全慶萬青藜毛昶熙英元俱著

加一級餘依議 同治八年三月照本票

○○○著加一級○○○著紀錄○次

有兩次議敘者於紀錄○次下添再紀錄○次

○○○著加二級將加一級抵前降一級仍加一級

○○○著加二級抵前降二級○○○著軍功加一級抵前降一級仍

給還軍功紀錄二次

此二簽皆以現在之議敘抵從前之議處
軍功一級可抵尋常二級軍功紀錄二次可抵尋常一級故以
軍功一級抵降一級外尚餘紀錄二次也若尋常一級抵紀錄四
次

○○○著於補官日加一級
○○○○○○俱著加一級○○○○○○俱著將加一級抵前降一級○○○仍
著加一級餘依議
○○○著隨帶加一級
裕誠著加一級隨帶

署奏事領班內閣學士裕誠等議敘
○○○著加一級隨帶○○○著紀錄三次○○○著將加一級隨帶抵
前降一級仍再加一級隨帶　光緒二年進大學士一本
大員議處逢
恩寬免者不必出名止票依議
○○○○○罰俸降級等案俱准其開復
凡大員降級罰俸各案准開復內有給還加級字樣歸餘依議
降罰各案准開復內有給還加級字樣亦不票出　大員停升
之案亦不票出　離任官罰俸註冊不票出
○○○等俱准其開復餘依議

曹師曾降留各案俱著查銷開復 八年八月初一日

本内係兩案有准查銷開復字樣 常少任内

誠端降留各案俱准其開復

○○○准其開復其不將罰俸月日扣除遽請開復之處著銷去紀

録一次仍罰俸六個月

邱樹棠成格俱照例住俸餘依議 二十三年十月十七日

○○○着革職任

○○○着降○級調用

○○○着降○級調用再級一級調用 一本兩事

○○○著降○級調用再降一級調用　一本兩事

○○○著於原任內降一級調用

○○○著於補官日降一級用

○○○著於現任內降一級留任

○○○著降一級留任

○○○著降一級　五十三年戶部錢粮議處本票劉義降一級不票留任調用字樣

○○○著罰俸○○年個月○○○○俱著罰俸○○年個月

○○○著於補官日罰俸○○年個月

○○○罰俸○個月之處著註於紀錄抵銷

紀錄一次抵罰俸六個月如止罰一月三月不能遽銷其紀錄

一次只好註册俟再有罰俸一併牽連計算外官不註抵外官

旗員仍註抵

同治七年十一月片查吏部來片云云

○○○著銷去隨帶軍功加一級免其降調

若本內有降留字樣則只標免其降級

○○○罰俸○個月之處著註於親王貝子公貝勒侯郡王紀錄抵銷

○○○著銷去寬免罰俸○個月

○○○著銷去加一級免其罰俸降調

○○○著銷去加一級仍降調用
銷去一級抵罰俸二年
○○○著銷去紀錄○次免其罰俸降調
○○○著銷去紀錄○次仍降一級調用
○○○著銷去紀錄○次○○○著銷去紀錄○次俱免其罰俸
○○○著銷去軍功紀錄一次免其罰俸仍給還尋常紀錄一次
軍功紀錄一次抵罰俸六個月外尚抵作尋常紀錄一次故仍
給還
戶部有錢糧紀錄
○○○著銷去軍功尋常紀錄一次其從前罰俸三個月之處著註於紀

錄抵銷

銷軍功紀錄一次抵罰俸一年銷尋常紀錄一次抵罰俸六個月雖此案之罰俸已抵而從前議罰之俸尚有數月但不足六個月之數而本人尚有餘級可抵不必實罰只好俟再有罰俸之案一併牽連抵銷罰俸三個月係從前則寫從前如連前牽算則寫連前如係本案則不用從前二字盖既銷去紀錄一次而又罰俸三月也

○○○○○○著各銷去紀錄一次其罰俸三個月之處俱註於紀錄抵銷○○○著銷去紀錄二次免其罰俸餘依議

○○○連前共罰俸六個月著銷去紀錄一次免其罰俸

○○○著將加一級抵降一級餘依議

此係降二級留任因有　恩詔加一級抵降一級仍有降一級留任處分歸入餘依議蓋以降留字樣不票出也此式似不必從如云降留字樣不票出則前頁確有○○○著於現任內降一級留任簽式不如票著銷去加一級仍降一級留任之為妥也

○○○著銷去尋常加二級紀錄二次免其降級罰俸兩案一本酌擬歸併式　同治四年六月十六日

永瑆阿克常阿俱著銷去紀録一次其從前各罰俸之處仍註於
紀録抵銷
〇〇〇革職降級罰俸革任之處仍著照例註册
〇〇〇著於現任內罰俸〇年〇個月再罰俸〇年〇個月
一案兩處兩案兩議均不可歸併須用再字
〇〇〇著罰俸〇個月再罰俸〇個月又再罰俸〇個月彙題盜案
各案議處不能以案計而處分又不能歸併者
〇〇〇著罰都統俸〇個月〇〇〇著罰副都統俸〇個月尚書兼都
統侍郎兼副都統兵部議處本於都統任內罰俸照本票兵部

本內有罰職任俸亦須票出○○○著於現任內罰俸六個月又一
案著罰俸一年○○○著罰俸○個月又一案著銷去紀錄一次免
其罰俸○○○著於補官日罰俸一年○○○著罰俸一年註册○○○
著銷去紀錄○次仍罰俸○個月註册
已革大員即票依議不票註册
○○○著於現任內罰俸○個月其二限三限著每限於現任內罰
俸○個月
兩廣総督督催嵗欠不力初限於現任內罰俸二限三限亦同
故照本票二限三限字樣

惠顯共四案陸言共五案俱著每案於現在內罰俸六個月○○○

共二案其一案著罰俸一年又一案著罰俸六個月

如三四案年月不同於又一案外可再寫又一案

○○○○○○各二案其一案均著罰俸一年又一案著各罰俸六個月○○共

二案著每案罰俸○個月餘依議（於現任內罰俸一年○○○又一案著各罰俸）

此三條俱係一簽即分作三簽亦可

伯麟著罰俸一年琅玕著罰俸六個月惠林著於現任內罰俸一

年陳大本章凱俱著於補官日罰俸一年○○○著銷去紀錄一次

仍罰俸六個月○○○○著各銷去紀錄一次○○著銷去軍功紀錄一

次俱免其罰俸

凡罰俸有數人彙為一本者實罰在前虛罰在在後罰多在前

·罰少在後京官在前外官在後

尚維侗著銷去尋常加一級仍降二級留任○○○○俱著於現任內

罰俸六個月富蘭仍照原議罰俸三個月○○○○俱著罰俸一

年再罰俸一年餘依議

兵部議覆盜案等項尋常事件

永璇降級罰俸之處准其寬免沙克布巴拉圖建著各銷去紀錄

一次免其罰俸○○○○著各銷去紀錄一次其從前罰俸之處俱著

註於紀錄抵銷餘依議

兵部議覆盗案尋常事件

○○○著帶所降之級仍留軍營辦事俟大功告成回京該部奏聞

請旨

○○○著俟事竣回京之日補行罰俸

大臣出差議處不票出罰俸○個月

此條與下罰俸○個月式樣不同兩存

○○○達爾吉善著革頂戴五級仍留該處辦事

達爾吉善係臬司任内處分嗣經革職賞三品頂戴為和闐辦

事大臣仍照本票出

○○○著俟事竣之日補行罰俸○個月

楊芳著於現任內罰俸九個月音登額著俟事竣之日補行罰俸

一年　道光六年四月十六日

鄂山著銷去錢粮紀錄一次仍罰俸六個月楊遇春罰俸三個月

之處著註册俟事竣之日補行罰俸

六年十月二十日

余本敦准其解任調理照例開缺本內單請

京堂告病出名

伊朝棟准解任開缺○○○補授光祿寺卿 見硃簽內

○○○著以原品休致應否添餘依議看本尾

大員告病請休經部議准

○○○准其終養照例開缺

○○○著給假開缺餘依議

國子監助教員缺准以記名用之○旗文舉人○○○補授助教一

缺近改票依議 光緒二年十二月十九日進

以下六條照舊本添入近不多見想均照○旨意片寫簽

著揀選四員引見 雍正二年二月進照旨意片

新設臺灣塩捕同知於庶常內揀選

這員缺爾部揀選引見 康熙六十一年十二月照旨意先

子牙河分司員缺選擇開列

孝陵奉祀掌關防郎中員缺著擬正之〇〇〇補授

乾隆十九年十一月初五日進

察哈爾遊牧理事官員缺著擬正之〇〇補授 出缺出名式

〇〇〇著授為遊牧員外郎 先出名式

該衙門察收

恭繳 上諭

著察例議敘

捐助軍需等項

依議單併發

捐助商人議敘分别辦理

彙題各省保舉孝廉方正人員

依議册留覽

大計各省不入舉劾各官

京察七品以下各官　子午卯酉之年　此乃小京察故票依議

盛京京察有册有夾單　只票册留覽不票單併發

知道了單留覽

各省大計藩臬兩司考語履歷

京察在京三品以上堂官在外督撫三品以下堂官全

本内俱有履歷單京堂官本内另有大學等不入京察有○旨

意一件督撫另一本　上数届京堂官並無大學士不入京察

○旨意片同治九年正月二十二日片詢吏部覆片存科房

知道了冊留覽

奏銷各衙門並八旗官員領過俸銀俸米

此本前敘各衙門將名數黃冊進呈

御覽交戶部查核覆奏

仍係名册此乃領俸册與前册不同故票留養

知道了单併發

彙題各省三年甄別過教職佐雜等官

知道了

彙題給假省親修墓各員

彙題並無私鑄鳥槍各員

彙題旗員父母子弟就養隨任

兵部票依議

外省大員丁憂

乾隆二十一年六月十九月藩司舒德一本此條增須酌

依議

選官親老告近籤掣某省某官○○○親老准改近

彙題世職

補給敕書

邊俸年滿後題　雲南思茅同知○○○邊俸期滿遵○○旨留任候升先奏

准襲土司○省○屬土巡檢○○○之子○○○准承襲

例准承襲

京外文武各官恭逢　恩詔廕子入監有單不票出

大員之子准復廕

本內聲敘大員降革其子孫得廕者如出仕則不革未出仕則

并革其祖父如本案開復或特　旨復用則准復廕復廕之本
雖有履歷清單不票單併發題請署理各官　○省候補令○○
准署○○令道府以下州縣以上同
京官請銷試俸　○衙門○官○○請銷試俸
請實授　○衙門○官○○試俸期滿請實授
委署主事三年期滿已經奉　旨之後擬補
知縣推升主事照例開缺行令引　見
此條歸月選則應出名非月選京官則不出名票依議
截取人員　本面寫○○科○○進士○○○截取

舉行京察大計各事宜

四川馬邊同知張秉堃捐升知府准開缺 同治四年七月十九日

彙題銷去試俸字樣各官

捐納人員試俸三年期滿已經奉文實授 本尾開列職名無

夾片

彙題〇省〇官〇〇等請銷試俸 本面式

彙題各省保舉孝廉方正人員 有册添册併發或单併發

京察各官停其升轉

縣令請改教職

知縣甄别改補佐貳之馬允剛仍准以知縣用

塩大使調補庫大使 特題塩大使出名舉人借補同場員調庫大使不出名

塩大使教職俸滿保題

教職俸滿保薦無夾片佐雜保舉均有夾片同治九年五月初九日吏部來片存科房

教諭保題 本員親老准查銷仍留本任

河員保題

改設各官

降留各官 照例免議

卅衡留任

老民准給頂戴。省八十以上老民○○准給頂戴

准補驛站副監督

彙題微員議處議敘各案

議敘不出名各官　於○○○之○省○官○○准敘

議處不出名各官　於○○○之○省○官○○議處

原叅准開不出名各官

先選教職經督撫考驗文義不妥列入四等令回籍學習三年

期滿後再經考列二等者方准歸部銓選亦票依議

彙題告假丁憂各案　終養休致併入一本

彙題告假丁憂各案 終養休致併入一本

彙題升調咨補佐雜貳各官 無夾片

彙題河工佐雜各員試署期滿准實授

河工佐雜彙題不出名單題夾片出名或三四員無彙題字樣

有夾片亦出首員名

微員俸滿保薦。省。官。。俸滿准保薦

調補各官毋庸議。省。官。。請調補。。之處毋庸議

微員降調勒休革職同州縣以下不票準簽佐貳署州縣任內議處

截取舉人不能出任請給京銜。給京銜 省。縣截取舉人。。年老准

吏部单簽

大臣追授公侯爵

拏獲鄰境盜犯准引見

拏獲盜犯如升知縣有用出名单簽加説帖式此令引　見只

票依議

○省拏獲鄰境盜犯之署○○令○○准送部引　見

邉俸期滿准送部引　見

○省○官○○○邉俸期滿准送部引　見

捐升簽掣知縣之現任教職仍令該撫給咨送部引　見

推升○州牧之四川布經歷○○○行令送部引　見

調補各官俟引　見准升後遺缺准其調補
四川綦江令邵兆祿俟達縣令祥嘉調富順令後遺缺調補通
本及夾片只敘邵一員調祥遺缺部議俟成都令引　見升敘
永同知遺缺准富順令調補富順遺缺准達縣令調補達縣遺
缺准綦江令調補一路敘來皆為邵一員而連及者是以本面
但出祥嘉遺缺但見因一缺而溯及三人所重在末一員不知
三人雖不重而一員俟補則餘者皆非現補俟字自重也票出
名
吏部題雲南撫尹一本稱臨安同知王○請升澂江府所遺員

缺請以改簡之同知牛○補授未叙明俟玉引　見後准升遺
缺准補撤問覆庀云本年十月奏定後奉　旨准升之遺缺即
題應補人員不必俟引　見後再題積缺云一票出名簽十一
年十二月初一日
○省委用令○○俟○○令調補○○令遺缺准署理
升補遺缺另請署理同
○省○○令○○俟○○令○○引　見升用遺缺准調補
佐貳等官簽升牧令不即開缺仍令該督撫驗看給咨送部引
見候定外任簽升京職其外任開缺另選同

留甘肅另行升補之○○今○○升補○州牧候引　見定簽升各

官先開底缺

簽掣雲南澂江守之内閣侍讀○○先開底缺

籤升　昌陵禮部員外郎之福建福州理事同知○○先開底缺

二月分簽升雲南晋寧牧之浙江慈谿令○○先開底缺

議覆條奏事宜

議覆移駐事宜

題參屬員

照例迴避

覆准調補佐雜各官　河工佐雜有夾片者出名不票依議

㣲員降罰開復　○省○○令○○○罰俸革職降級之案准開復可否升署各

官候引　見定

升補各官候引　見定之本若前出准字後有可否候定字應

票依議若前出准字後有候定字而無可否二字則應出名

○省○○令○○○可否升署○州牧候引　見定

道員以下准終養准休

准補各衙門司官

行取知縣代掌主事直隸縣丞准補京縣縣丞同塩經歷不出名

准補學録等官

中書俸滿

滿中書試俸期滿

中書科中書轉掌印中書

准補　盛京驛站監督

盛京助教缺出請頒試題試畢咨定

請派吉林等處倉監督

准補　聖廟各官尼山書院世襲學録等官同

衍聖公服闋起服

吏部單簽

督撫加銜即兵部尚書侍郎之類

保送科道合例

令應用御史人員掣缺

請給封典

教習期滿

義學教習年滿准給職銜或請引見升用

武英殿各館修書准議敘翰詹科道惟館上議敘不出名

雖翰詹科道不出名以人數太多也

陣亡大小各官議䘏

覺羅學副管長議敘

議處失察傳遞之員　奉堂諭科場失察不票雙簽

大計八法議處之員

不謹罷軟無能者革職才力不及降二級浮躁降三級年老有

疾休致向皆票出今改依議　實止六法

京官實降實革　筆帖式例不夾片

清河理事通判筆帖式　因經徵草折銀兩未完

議革職本內無片故不出名亦不票雙簽

大員降罰之案未將級紀敘明抵銷以致照案議罰事後查明

更正者不出名

州縣以上降調雙請後查出紀錄准抵者亦照大員例票依議

单簽

刑部駁審司員議敘 有升任應出名者

此每年彙題一次隨同畫稿者兩案紀錄一次一案者註册以

後併計

彙題兵部咨到道路村莊失事 有夾片 有大員者出名

河員於保固限外工潰議以革職戴修築

奉特旨人員議處 加說帖

二十五年六月二十八日疎失餉鞘之烏里雅蘇台委員戶部
主事革職本内不夾片票單簽亦不加說帖詢係京堂也
雲南省領運銅斤例外短少一萬兩以上不能依限全完之某
州牧議處照例革職係公罪吏部有夾片
道光二十四年六月十七日回卓中堂定依單簽不加說帖
徵收關稅銀兩久四分以上之前任淮安關監督現任龍江關
監督内務府郎中明倫無級紀抵銷於郎中任内降一級調用
關差與外任有間似委員一例京官單簽無說帖
乾隆四十八年四月十七日進失察竊米之倉監督議處本内

朱炘現任同知降調因京員移任雖有夾片仍不票雙簽

又吏部主事姚左垣雖係實降該堂官出具考語只票单簽

京官移任官處分當以後雙簽為定各官同議内有京員不出名歸餘依議矣然前為京官後移外任京官任内處分用单簽尚可若先外任後改京官外任處分則須票出後雙簽及兵部雙簽内有式

某省某縣續完某項銀兩原叅職名議覆 議准開復

叅案開復外官四品以下票依議

京官及八旗武職因公事故不票雙簽本衙門可行保奏

○○○追封為一等公伊妻封為公妻一品夫人○○○著承襲一等
公餘依議
加封　皇后父母世襲
○○○俱追封為一等公伊妻俱封為一品夫人餘依議
追封　皇后曾祖父母祖父母
崇綺封為三等承恩公伊妻宗室氏瓜爾佳氏俱封為公妻一品
夫人餘依議
同治十一年五月二十七日擬封　皇后外戚　文中堂酌定

吏部　雙簽

○○○○○○俱著來京引見餘依議冊留覽

○○○○○○俱著不必來京引見餘依議冊留覽

盛京考察官員等第其府尹府丞應否引　見兩請

盛京京察有冊有人數单只票冊留覽不票单併發

盛京京察引　見準請據吏部片覆向無人數单同治十二年

五月二十六日來片存科房備查

○○○○○○俱准其來京引見

○○○○○○俱不准來京引見

吏部雙簽

明山着罰俸一年程國仁著銷去隨帶加一級免其降級汪全德
等俱准其來京引見餘依議
明山着罰俸一年程國仁著銷去隨帶加一級免其降級汪全德
等俱不准來京引見餘依議　又内有大員議處
四年四月二十九日吏部題直隸等省大計薦舉各員本内除
合例各員議准外其汪全德等二十二員因正項錢粮未完惟係
兼三兼四要缺歷俸已滿三年又德陰等八員因正項錢粮未
完並非兼三兼四要缺惟歷俸已滿五年應否來京引　見陞
請再貴州未經俸滿人員列入保薦是以隨本將該撫議處

依議其補行○年大計准併案舉行

依議其補行○年大計著仍照例舉行

吳麗著准其調補餘依議

吳麗不准調補

○○○等准其調補

○○○等不准調補○○○依議調補餘依議

調補在先准補在後

○○○依議調補○○○准其調補

○○○依議調補○○○不准調補

准補在先調補在後

○○○依議用○○○准其調補

○○○依議用○○○不准調補

朱榁准其升補餘依議

朱榁不准升補

趙宣暄准其升補仍俟曹○○升用後再行赴部引見餘依議

趙宣暄不准升補

○○○准其升署餘依議

○○○不准升署

朱廷鍾准其實授

朱廷鍾不准實授

依議

○○○准其調補補授升補借補某處某官

依議

周鶴立准其署定遠縣知縣

依議○○○著交與該管大臣酌量錄用

依議○○○不必交與該管大臣錄用

○○○等准從寬免其罰俸降級

吏部汶貧

○○着罰俸降職之處不准寬免

赴任違限不及四月之試用人員議處票准支簽

○○○俱着罰俸○個月餘依議　如一人去俱字

○○○既經自行查出檢舉着從寬免其罰俸餘依議

此係免罰如係減為○個月照本票　此本尾有級紀字因係

雙請未經叙明抵銷歸入餘依議

凡檢舉雙簽第一支堂司官均出名　如人多用此式或寫此案

既經自行查出檢舉○○○着減為罰俸○個月如數人仍加俱字

蔡之定准其給假照例開缺

蔡之定不准給假

京堂遞呈請假　候補者只票准其給假

○○○准其回籍

○○○不准回籍

○○○准其改歸原籍

○○○不准改歸原籍

○○○等准其改發

○○○等不准改發

○○○等准留貴州補用

○○○等不准留貴州補用

原任黎平府守准捐復其仍留貴州之處請 旨

○○○准其捐復留滇補用

○○○不准捐復

○○○准其保題

○○○不准保題

俸滿教職保題逾限可否仍准保題請 旨

○○○等准留該省督修隄工○○○等不准留於該省

○○○著革職仍留該處自備資斧効力

○○○著革職不必留該處効力

越職妄言哈爾哈辦理工部侍郎議處

○○○准其以理藩院主事坐補

○○○不准以理藩院主事坐補

跟隨塔爾巴哈台辦事大臣之筆帖式可否以理藩院主事坐

補候定

○○○○○俱准其開復

○○○○○俱不准開復

恭逢

恩詔內有大員開復請

旨

○○○准其開復來京引見

○○○不准開復

○○○免其議處

○○○仍著議處

例得免議因係大員請
旨本內無罰俸字樣

方受疇著於現任內罰俸一年

方受疇罰俸處處分著加恩寬免

○○○著革去原品頂戴准其免罪○○著交部議處

○○○著革原品頂戴准其免罪○○著從寬免其察議

盜用伊子圖記之原品休致佐領富爾松阿准免罪失察伊父

盜用圖記之現任佐領吉成可否免議請
旨

禧恩松筠俱著加三級毛式郇等俱著加一級单併發

禧恩松筠俱著改為加一級舒英裕恩白鎔韓鼎晋俱著加一級

其餘各員著查照成案分别核减辦理餘依議单併發

孝穆皇后奉安地宫禮成恭理事務之大臣官員議叙

吏音这领

吏部本面

某衙門某官員缺開列請　旨單一

某省○○令○○准補署○○令

某省○○令○○俟○○令○○調補○○令後遺缺准署理

某省○○令○○俟○○令○○引見升用後遺缺准調補

某省某官○○期滿准實授

某省某官○○○俸滿准保舉

某省某官○○親老准改近

某省某官○○邊俸期滿准送部引見

拏獲鄰境巨盜之某省署○○府○○准送部引見

吏部本面

貴州安化縣屬土巡檢○○之子○○准承襲　見

推升某官之某省某官○○行令送部引　見

某省某官○○升補某官之處候引　見定

某省某官○○可否升署某官候引　見定

某省某官○○可否補授/暫署某官候　定

某省署某官○○可否准實授候引　見定

某省○○令○○請調/補○○令之處毋庸議

籤掣知府等官補行引　見

○月分籤選郎中等官

○月分急選員外郎等官

○月分大選在籍部候選佐雜等官

○月分推升教職等官

○月分升補東陵員外郎　有○○旨照片寫簽

彙題升調各補各員

彙題微員告假丁憂各案

彙題給假修墓各員　票知道了

彙題盜案議處各員　有大員出名

於經徵地丁業已豁免之某省某官○○○原議查銷等因於某事之

吏部本面

某省某官某人議叙處

於某事之某省某官某人降抵調

繳照違限不及四月各員可否寬免罰俸請
旨遵簽

各省大計卓異人員部議請
旨遵簽

彙題咨補佐雜人員覈依議

彙題委署丞倅佐雜等官

彙題議處議叙各案

部本簽式卷二目錄

户部

硃簽

单簽

雙簽

本面附

禮部

硃簽

单簽

部本簽式

雙簽

本面附

兵部

硃簽

单簽

雙簽

本面附

目錄

戶部　硃簽

這差著〇〇〇去餘依議

淮安關監督期滿請更換

各關稅差　各關九江鳳陽不請更換張家口殺虎口等差

係帶領引　見餘俱雙請惟淮安關自嘉慶五年監督巴爾

寗阿期滿具題雙請奉　旨這差著照例開列請　旨欽此

以後即遵　旨開列票此式

雙簽在後此指雙請者言

殺虎口稅差著〇〇〇去張家口稅差著〇〇〇去餘依議

兩差並　簡式

正監督著○○補授副監督著○○補授餘依議

盛京内倉正副監督亦有单票正監督或副監督者崇文門

正副監督同

左翼監督著○○去右翼監督著○○去餘依議

此件有上三次　簡放名单無開列名单

崇文門左右翼係清文

寶泉局監督著○○○去

管理茶馬事務著○○○去餘依議

著○○○管理中江稅務餘依議

○○著再留一年　御門改簽備式

兼管監督之大員

著○○○監看

請員兑看傾銷銀兩

戶部　單簽

知道了册留覽

彙題各省民穀數

八旗官兵借給俸餉

三庫出入各項錢糧票某人等

銀庫顏料庫緞疋庫三本同日進俱有黃册

知道了單併發

彙題批交該部知道各案

彙題各省已未完城工

户部單

彙題各省收成分數

彙題各省附奏為咨查事 單一　廿六年三月二十七日

彙題各省動用錢糧已未結各案

依議速行

災賑事宜

一切奉旨速議之件

依議單留覽

彙題蠲免錢事宜

依議單併發

核銷軍餉

彙題應追違典地價准豁

著察核該部知道

寶泉源局用過銅鉛

票某人等

本內止錢法二字例不寫堂字

知道了

革故微員資助回籍

放過八旗甲米

閩海關報滿

天津關報滿

彙題世職俸銀

彙題協辦餉銀

彙題撥解餉銀已未完數符

外藩公主格格王貝子等支領俸銀

放過蒙古王公貝勒俸銀緞疋

依議

各項用過錢糧准銷

各項用過銀兩准銷

議准豁免錢粮

彙題各省協撥兵餉未經起觧銀数

驛站錢糧　○省有驛站錢粮奏銷核覆

起運錢糧

採買兵米

支放甲米

支放八旗俸米

內倉收放米豆數符

酌撥兵餉

支放各官俸銀

長江水師官兵俸餉銀兩

戶部单簽

常平倉存貯粮石

陵寢員役歲支俸餉

某省某項估需議覆

各項需用銀兩准動撥

田畝起科

彙題各省年終改奏為咨事件 有单不票出

索倫進貢貂皮不及等第停賞

各處米豆折價

買米平糴

放完八旗俸米逾限幾日毋庸議

八旗滿蒙支過錢糧數符毋庸議

各關徵收稅銀核覆

題銷節省銀兩

兵丁紅白事件銀兩

秋審朝審用過銀兩

鄉試用過銀兩

○省○科文闈鄉試用過經費銀兩核覆

崇文門稅銀數符

海船收稅貨物

開停鼓鑄
各省鼓鑄錢物核銷
沈溺銅斤准豁
封開礦廠
開廠事宜
原發准開復不出名各官
議處不出名各官
增收盈餘議敘
增加塩引

條奏鹽價事務
准管關稅
補放吉林等處倉監督
添設官役事宜
捐田贍族准議敘
道員交代
報銷各項錢糧俟另册到日再核
賑卹災荒停免錢粮
移交河銀

戶部單簽

駐藏副都統應給衣服銀兩折給核覆
預領銀兩數目核覆
餘引數目
各衙門奏銷紙張數目核覆
用過紙硃等項
交盤折限
給流民盤費
茶引核銷
條奏漕項事宜

條奏漕項事宜
編審人丁數符
各倉開溝鋪墊
各衛所交納蓆片
俸滿咨吏部
屬員試俸年滿准實授
各項賞給
織造衙門解過緞疋
內務府衙等領過馬乾等項准銷

戶部單簽

彙題秋禾

倒斃馬匹數目

請改鑄印信

供應○○陵寢米麥等項

各員支借養廉已未完數目

倉場成色米石報銷核覆

新疆各處歲需備用緞疋核覆

初參援赦

追賠銀兩無力完繳

與例相符雖有倚幫字樣不票雙簽

依議福慶著紀錄一次
鎮迪道屬地糧全完議敘各官内福慶現署臬司
故出名著照例住俸

依議○○○停升督催之案准其開復
錢實甫降職督催之案准其開復
○○○罰俸督催各案俱准其開復　一人有三四案式

依議師承瀛史譜俱准其開復
案由不同酌用此式　一停升戴罪督催　一戴罪督催

○○○停升督催之案准其開復註册餘依議

福桑阿著銷去紀錄二次免其罰俸其督催餘地租銀全完二案
著每案紀錄二次餘依議
既有罰俸處分又有另案議敘照此式
依議其不會同户部據咨遽行開復之處著吏部察例具奏
領運千總全完開復照此式
這煮賑銀米著五城御史親給務令貧民得霑實惠勿致胥役侵
蝕中飽並著都察院堂官不時察看餘依議
五城煮粥事宜
○○○著降俸職○級○○○著罰俸○年○○○○○○○○俱著於

現任內補官日罰俸○個月○○○○○○俱著銷去紀錄○次免其

罰俸

錢糧未完

莫瞻菉○○○各二十一案著每案於現任內罰俸一年○○○

共三十二案其二十七案著每案降俸二級又五案著每案罰俸

三個月○○○共四十一案著每案於現任內罰俸一年

六年冬季旗租考成其餘式樣俱照吏部酌票

戶部　雙簽

這差著照例開列請　旨

○○○關稅務仍著○○○接管

關差期滿　如兼理則票兼理

這差著○○○去

這差仍著○○○接管俟扣足本任一年再行更換

關期未滿而本任接管已滿一年更換請　旨簽式

關監督期滿可否更換請　旨

這差著將保送及俸深各員帶領引見

這差仍著。。。接管俟扣足本任一年再行更替

此期滿 本任稅差未滿一年屆関差更換之期兩請

十一年三月齡椿十二年三月奇玖俱照此式

這差綿仲不必接管著照例開列請旨

這差仍著綿中接管俟扣足本任一年再行更換

此任滿 八年粵海関延隆照此式

揚関瓜関稅務仍著。。。帶管

揚関瓜関稅務。。。不必帶管

此項兵丁借支銀兩著加恩免其扣還

此項兵丁借支銀兩著照例扣還

出師兵丁借支銀兩

○○○原領長支口糧免其追繳

○○○原領長支口糧等項仍著追繳

伴送羌使進藏中途病故叅領等長支各項可否免追

此項追賠銀兩准其寬免

此項追賠銀兩不准寬免

彙題無力完繳各案

本內聲明與例相符雖有倘蒙字樣只票依議單簽嘉慶二

十年七月初三日定

依議其應行查議職名著加恩寬免

依議其應行查議職名不准寬免

同治六年十一月戶部安徽經徵米折等項銀兩本尾有應

行查議職名可否免議出自〇〇天恩云云不能不票雙簽

為舊式所無酌擬此式

戶部本面

張家口監督期滿應否更換請　旨

殺虎口監督開列請　點

盛京內倉正監督期滿更換

支放本年秋冬二季俸銀事宜

左翼徵收額稅銀兩數符

江南蘇州等衛編審軍丁花名數符

八旗放過俸餉等項銀米數符

○省耗羨銀兩不敷支用准協撥

已故某省某官。。。應追銀兩無力完繳准豁

續完地丁銀兩之某省某官。。。原議准開復

某省續完某項銀兩之原叅各職名准開復

某省未完地丁銀兩業經豁免之經徵各官原叅准開復

續完某項銀兩之已故某省某官。。。原叅毋庸議經徵錢糧

逾限未完各官議處

於督催錢糧完至五分以上之某省布政使。。。議敘某省。

年分丁錢糧奏銷核覆 大員罰俸出名

彙題某省某項銀兩支存各數核覆

某省某縣經帶徵某項銀兩全完數目核覆

某有狥過兵丁紅白事件銀兩准銷

直隸某處供應　陵寢員役俸餉銀兩核覆

○省○項銀兩已未完數目核覆

戶部本

禮部　硃簽

知貢舉著○○○去

著○○○提調

內簾監試著二人○去內場監試著○○○二人○○○去餘依

議

鄉會試同○○科會試內簾御史開列請○派

這收掌試卷等所官著有圈的去鄉會繙譯均同

這受卷等所官著有圈的去二十九年九月進繙譯鄉試一本照本改簽

科會試外簾等官開列請　派

禮部硃簽

遣○○為正考官○○○○○○○○○○為

副考官 會試

科會試正副考官開列請派

這同考官著○○○十八人○○○去 鄉會試

這會試滿洲取中○名蒙古取中○名漢軍取中名直隸取中○

名奉天取中○名山東取中○名山西取中○名河南取中○名

陜西取中○名甘肅取中○名江蘇取中○名安徽取中○名浙

江取中○名江西取中○名湖北取中○名湖南取中○名福建

取中○名台灣取中○名廣東取中○名廣西取中○名四川取

中。名貴州取中。名雲南取中。名
著於。日殿試。日傳臚餘依議
著點者讀卷　殿試讀卷官
這執事官著點者去　殿試執事官
著。。。去餘依議　入闈鈐榜
。科會試鈐榜官開列請派
省分正考官著。。。去副考官著。。。去餘依議
各省鄉試考官　順天無餘依議
遣。。。為滿洲繙譯正考官著。。。為副考官。。。為蒙

古繙譯主考官　鄉會同　蒙古人數不滿不派考官
這滿洲繙譯同考官著○○四人○○去蒙古繙譯同考官著○
一○○○○○去　撤鄉會同　現同考官己
内簾監試著○○○去内　監試著○○○去
入號巡察著○○○四人○○○去餘依議　繙譯會試同
這繙譯會試滿洲取中○名蒙古取中○名　蒙古如不足額即不票出
這考會試滿洲繙譯著○二人○○去考試蒙古繙譯著○○○去
這考試著圍者搜檢　上二翁均繙譯錄科並考童生
册立皇后著鄂爾泰為正使海望為副使

冊立　皇后　貴妃　嫻妃　純妃　嘉嬪請

點　正副使

正使著派查郎阿史貽直來保哈達副使著派木和林勒爾森索

住伍齡安

冊立　貴妃等四位請　點正副使

遣〇〇〇為正使〇〇〇為副使

勅封外藩

禮部朱簽

禮部　單簽

是

上　尊謚應行典禮

上　皇太后冊寶典禮

是依議

上　尊謚　尊號

崇上　徽號各事宜

追封　皇太后三代

雍正元年二月

修飾　神主

一應　陵寢事宜

陵寢建碑恭懸扁額

奉安地宮及　升祔禮儀

配享典禮

進　玉牒儀注

實錄告成頒賞

蕩平祭告頒詔

冊封　太妃太嬪

冬至次日恭遇　皇太后萬壽本内聲請停止行禮

皇上恭奉　皇太后叩謁　祖陵行禮節次
皇上恭謁闕里致祭泰山及講書宣敕事乾隆十二年八月
請於廻鑾日行慶賀　皇太后禮乾隆八年冬至
七曜同躔致祭　景陵
大學士等會議　圜丘等大祀前朝陪祀百官敬受警戒禮
儀
依議摺併發
西洋進貢賞使事宜
依議单併發

禮部單發

朝鮮奏事禮物准作年貢

彙題承襲世職　有單票出

依議冊留覽

筵宴牛羊等項數符

鑄寶等項錢糧請銷

知道了祀冊留覽

壇廟齋戒祭祀日期　每年正月預題次年祭祀日期

知道了冊留覽

鑄印金銀數符　原票依議梁中堂諭改此式

改鑄金寶印信用過數目

會試等項銀兩請銷

知道了单併發

彙題各省遵改題咨事件

彙題各省已准　旌表各案年終彙題

知道了

恭繳黃榜

進登科錄

進題名錄

進會試錄
進各省鄉試錄　本尾云移送內閣存貯。如附議處考官
、
票議處
進三場題目　此有隨來隨進除頭場係　欽命題不計外
所有二三場進呈題目禮部例於十三日十六等日題票並
無副本。光緒二年會試禮部片稱三場恭進題目之本於
初十十三十六等日送閣題票於十一十四十七等日進呈
云云並有副本
殿試貢士數目

揭曉日期

陞殿受賀日期

彙題一產三男

彙題各省舉人重赴鹿鳴宴近票依議。重宴恩榮同

此條近不用後有專條

太常寺耤稻貯倉日期

內等衙門奏耤田嘉穀

代下第舉人謝恩

代外藩使臣謝恩

依議

經筵日期

經筵進禮節

耕耤進儀注

耕耤賞耆老布疋

題耕耤日期事宜

題祭先蠶壇日期事宜

耤稻恭納神倉

恭送盛京尊藏　實錄行箱等項收存變價

改鑄印信　此條向列戶部依議條內。同治十一年八月
二十四日陜西肅州協副將請改關防一本由禮部題
請慶賀表式
萬壽期朝服辦事七日不理刑名
科場夾帶治罪
司員試俸年滿
年終彙題八旗各省節婦有单不票出
節孝准　旌
百歲　旌表命百齡者加恩帖

年屆百齡之○省○縣壽民○○○婦○氏准　旌

五世同堂六世同

准給全葬致祭

遣官祭海瀆等　神

哈密等處致祭　關帝銀兩請核

親蠶禮節

收貯絲觔

絲觔恭交織造局

請給册封事宜五年一次彙題

册封福晋以下有单不票出

册封寶典

應准賞給

賞給卓異名官

應授郡君縣君等項

應請襲封追封封授等項

承襲五經博士

殿試日期

殿試筵宴事宜

禮部簽

讀卷傳臚應事宜

傳臚進儀注

新進士立題名碑

新進士送吏部

會試外場等官臨場密題

會試廣額分中數目俟考畢定

初六日進筵宴事宜

鄉試磨勘

題明南北兩省籍迴避各員

會試同考官等官行禮後筵宴

進試録事宜

准移歳作科

天文生送順天鄉試

進各省鄉試録本尾有議處考官者　其進鄉試録無議處

者票知道了

琉球國世子准襲

外藩禮物交内務府收

外藩奏事禮物准作年貢有單加單併發

禮部單稿

賞給外藩緞疋等項
頒發外藩時憲書
頒賞使臣銀兩
朝鮮國咨送漂民議覆
漂至朝鮮照例發回本處
朝鮮補進禮物數符
朝鮮交易事宜
琉球等國准入貢
琉球國世孫尚温應俟請封到日再行照例辦理

日月食救護事宜

各陵建碑

議覆條奏事宜

封開印信

各項准銷

陣亡賜卹

諳學儀注

覆准保題優劣

刊刻試卷

是照例行禮餘依議
二十五年進道光元年元旦朝賀儀注　皇上先詣。。。
太后宮行禮故票是字因係元年應升殿受賀故票照例行
禮又因在二十七月之内奏請停止筵宴故不票出停止字
樣歸入餘依議
是照例行禮筵餘依議
凡遇　皇上大慶之年元旦亦用此簽又因先謁太后宮故
用是字。乾隆十五年係　聖壽四十大慶元旦經堂定止
用筵宴單簽加說帖　皇太后大慶單簽

照例行禮筵宴餘依議

大慶萬壽則不必停止筵宴無慶賀　皇太后之處故不用

是字嘉慶年間大慶即照此式

照例行禮餘依議

萬壽聖節恭遇　皇上聖駕巡幸在行宮行禮在京各官於

午門前行禮其筵宴之處停止　乾隆十年

該衙門敬謹察收

恭繳　勅諭

同治十一年大婚奉　懿旨三道未用勅諭禮部題繳文中

堂酌定此式並諭係用御印之件行片文還軍機處科房有

案可查

○○○追封為一等公加贈太師仍著予謚餘依議

大臣請　謚

禮部雙簽　親蠶雙簽

皇后親詣行禮

遣妃恭代　現用此式

奉　奉字空二格

皇太后懿旨皇后親詣行禮

奉

皇太后懿旨遣妃恭代

親蠶兩請　此係舊式自道光五年未加奉○○○皇太后懿旨六字

奉

皇太后懿旨皇后親詣行禮

著太常寺照例奏請派員致祭

親蠶或交太常寺兩請　十八年十一月十六日本內有諭皇太后宮行禮語即加是字

照例行禮筵宴餘依議

照例行禮停止筵宴餘依議

萬壽本無停止筵宴之處千秋雙請則用此式

乾隆三年釋服後亦下停止筵宴簽

未奉安以前本內聲明停止筵宴只票行禮單簽

萬壽本雖不雙請總票雙簽

正旬萬壽只用筵宴單簽

同治五年二月二十四日内閣奉

上諭禮部具題本年三月二十三日萬壽應行禮儀一本所有王公大臣官員在乾清宫行禮停止筵宴餘依議後内閣票擬萬壽一本著於現票雙簽外添票著在乾清宫行禮停止筵宴餘依議一簽欽此以後恭遇萬壽聖節禮儀一本應遵票三簽開後

是照例行禮筵宴餘依議

萬壽三簽

是照例行禮停止筵宴餘依議

禮部雙簽

是著在乾清宮行禮停止筵宴餘依議

萬壽千秋本不加是字簽內皆寫是字者係因詣○○○皇

太后宮行禮一節

是照例行禮餘依議

是所有王公大臣官員著在乾清宮行禮餘依議

是所有王公大臣官員著於○日在乾清宮行禮餘依議　加說帖

說帖

查光緒三年六月二十八日恭逢

皇上萬壽聖節正在齋戒期內經禮部援照乾隆年間成案夾片

題請

欽選一日行禮是以臣等票擬雙簽進

呈伏候

、進内行禮之處並著停止餘依議

凡恭遇　皇太后大慶之年簽支俱用黄面紅裏

是照例行禮餘依議皇太后萬壽雙簽

奉

皇太后懿旨停止行禮餘依議

同治元年

禮部雙簽

慈安慈禧皇太后萬壽因在國服期内酌擬此式　下第二支

又光緒元年二月十二日先期具題　皇太后萬壽禮儀一

本内聲明停止筵宴其在外公主等行禮之處係雙請夾片

内稱奉　皇太后懿旨停止升慈寧宮酌擬雙簽開後

是照例行禮其在外公主福晉命婦著進内行禮餘依議

奉　奉字空二格　懿旨之次行此奉字高一格

皇太后懿旨停止行禮其在外公主福晉命婦進内行禮之處並

著停止餘依議

是照例行禮其在外公主福晉命婦著進内行禮餘依議

奉

皇太后懿旨照例行禮停止升慈寧宮寶座所有內欽定

光緒三年五月二十八日奉

上諭六月二十六日王公百官均著在乾清宮行禮應如何預備

之處著該衙門查照舊例議奏欽此本內已將停止筵宴敘入

故不票出

一片引咸豐三年乾清宮行禮成案一片引乾隆年間齋戒

期內請選日行禮成案二條均照本票

照例行禮筵宴其在外福晉命婦著進內行禮依議 條

禮部雙簽

禮部依行

照例行禮停止筵宴其在外福晉命婦著進內行禮餘依議

照例行禮停止筵宴其在外福晉命婦進內行禮之處並著停止

餘依議　千秋三簽五年四月十八日進六年同

同治十二年太后四旬大慶用此簽式

是照例行禮筵宴其在外公主福晉命婦著進內行禮餘依議

是照例行禮奉　是字空二格字高一格　皇太后双抬懿旨次行此是

皇太后懿旨今年停止筵宴其在外公主福晉命婦著進內行禮

餘依議

是照例行禮奉

皇太后懿旨今年停止筵宴其在外公主福晋命婦　庭宮眷及在

公主福晋命婦均著停止行禮餘依議

皇太后萬壽三簽

光緒元年九月初九日以上二簽下次仍須照本及　上諭二道再酌如光緒二年進　太后萬壽禮儀一本本内如將上諭二道再行夾入務票此簽先期呈送軍機處回堂商辦勿令軍機處再行改簽為是寶中堂面諭

照例行禮餘依議

今年冬至次日著停止行禮

冬至雙簽

是照例行禮其在外公主福晋命婦著進内行禮餘依議

是照例行禮其在外公主福晉命婦進內行禮之處並著停止餘

依議

奉

皇太后懿旨今年冬至次日著停止行禮餘依議 冬至三簽

如次日遇忌辰再挪一日行禮即不票次日二字皇太后萬

壽如本內聲明停止筵宴亦同此式只用前二簽

是照例行禮筵宴其在外公主福晉命婦著進內行禮餘依議

是照例行禮奉

皇太后懿旨停止筵宴其外在公主福晉命婦著進內行禮餘依議

是照例行禮奉

皇太后懿旨停止筵宴其在外公主福晉命婦進內行禮之處並著

停止餘依議　本內公主等照本票

是照例進獻禮物

奉

皇太后懿旨停止進獻禮物

皇太后五旬大慶應否進獻禮物請

旨

是依議

是朕照康熙五十四年之例在宮中恭覽

玉牒不必升殿餘依議　升殿覽　玉牒兩請

著予謚餘依議

不必予謚餘依議

皇太后之曾祖公元應否予謚兩請

宗室公等外藩予謚兩請同

依議

依議仍著予謚

尚書請謚

○○○仍著予謚餘依議

○○○不必予謚餘依議

應否予謚兩請

○○○著為○侯承襲三世其族内人丁准入○○旗

○○○著為○侯世襲其族内人丁准入○○旗

依議准其再襲一次

依議止准承襲一次

承襲次數候定

○○○著加恩賞給○品銜餘依議

○○○不必加銜餘依議

重赴鹿鳴簽式　例准加銜並賞給銀綴花紅歸入餘依議

○○○等著加恩賞給○品銜餘依議

○○○等不必加銜餘依議

重赴鹿鳴之○○○等應否給予升銜請旨　雙簽無說帖

○○○著加恩賞給四品銜○○○著賞給六品銜餘依議

數人品級不同此式

○○○等不必加銜餘依議

郭鑑庚著加恩賞給四品銜餘依議

郭鑑庚不必加銜餘依議

光緒三年六月初五日題重赴鹿鳴之知州銜前四川高縣
令郭鑑庚應否給予升銜請　旨　查用前支
八品以下各官無職並四品以下革職人員均加六品銜六
七品各官均加五品銜五品各官加四銜四品各官加三品
銜如已得有升銜人員即由升銜品級遞加若五品官簽上
寫賞給四品銜援照七品不得逾五品之例以次類推可也

依議其廣西優生王廣年等著准其一體朝考
依議其廣西優生王廣年等著毋庸一體朝考
彙題各省優劣生員

禮部[illegible]

光緒二年六月十一日禮部等遵例事　查用前支

著致祭一次餘依議

不必致祭

章古特氏著加恩旌表

章古特氏不必旌表

烈婦烈女可否旌表候

定

阮氏等著加恩旌表王氏准其一體旌表

阮氏等不必旌表

本內烈婦阮氏等兩請又本內有殉死之妾王氏另行兩請

故票此式

著派員前往會同審擬具奏餘依議

著該國王自行研訊錄供定擬報部具奏

著派員前往會審

著該國王研訊定擬報部具奏餘依議

朝鮮奸民金順丁等越入内地 下第一支

禮部簽

禮部本面

萬壽聖節禮儀

千秋令節禮儀

年逾屆百齡五世同堂之某省某縣壽民〇〇婦〇氏准旌

旌字一抬

捐田贍族數至五千以上之某省某職〇〇准旌

年逾屆百齡之某省某縣壽民〇〇婦〇氏准旌

捐銀助賑數至五千兩以上之某省某職〇〇准旌

烈婦〇氏准旌

節婦〇氏等可否旌表請旨

彙題本准發

禮部本面

繙譯鄉試滿蒙正副考官開列請　點

頒賞外藩使臣

外藩交易事宜

原任。部尚書○○應否與謚候　定

某月日日食救護事宜

預題次年祭祀日期

預題開封印信日期

兵部硃簽

○○○補授○省○處總兵官

○○○補授○省○○協副將

或城守營或督標中軍江南漕標中軍副將員缺開列請旨

○○○補放○○○營協水師副將
應出省分詳見後單內簽

○○○調補○○○營協副將

○○○改補○○○營副將

○○○營標協參將遊擊員缺著○○○補授

○○○補授○○旗蒙古滿洲漢軍都統副都統

○○旗蒙古滿洲漢軍副都統事務著○○○去兼理或兼管

○○○補授○處左右翼副都統

○○○補授○○旗護軍統領

○○○補授左右翼前鋒統領

○○○補授左右翼步軍總尉

這辰字圍著○○○監射○○○較射宿字圍著○○○監射○○○較射列字圍

著○○○監射○○○較射張字圍著○○○監射○○○較射餘依議鄉會試較射會試無餘依議

○○科順天鄉試武會試監射較射大臣開列請派

武場監試辰字圍著○○○去宿字圍著○○○去列字圍著○○○去張

字圍著○○○去　此簽無餘依議

這場內督理稽察著左翼副都統○○○右翼副都統○○○去餘依議

本內雖有彈壓字樣仍票督理稽察總照上屆點單寫簽爲妥

文鄉會試繙譯鄉會試仝　有上次點單一名单二

八旗考試文生員仝

這場內彈壓著副都統○○○去餘依議

如本內述○○旨寫內場不必從仍票場內

著○○監試

八旗騎射派監試王大臣式

鄉試會試監試御史仝

兵部硃發

武場監試著○○○○○○去（四人）

派監試御史（鄉會試式）此式近不用

著○○○去

鄉會試有技勇票此請
點監試大臣

著○○○○○提調（武會試）

知武舉著○○○去

遣○○○為正考官○○○為副考官（武會試）

這同考官著○○○去　仝

内簾監試著○○○去　仝

這收掌試卷著有點者去　鄉會同

這執事各官著照該部所擬人員去　會試

近票這內場執事著照該部所擬人員去

這考試滿洲取中　名蒙古取中　名漢軍取中　名奉天取中

名直隸取中　名陝甘取中　名廣東取中　名河南取中

名山東取中　名江蘇取中　名安徽取中　名山西取中　名

湖北取中　名湖南取中　名廣西取中　名福建取中　名浙

江取中　名江西取中　名雲南取中　名四川取中　名貴州

取中　名餘依議

兵部硃簽

武會試中額

著○○○會同原監試之大臣考試

武殿試

著○○○○○監馬步射

八旗會試文舉人騎射請監試大臣式

繙譯文童監射仝　繙譯無技勇

著派○○○監馬步射　咸豐三年九月奉

硃筆添派字

八旗會試監射大臣開列請　點

考試八旗筆帖式馬步射監試大臣

八旗會試同

這場內彈壓著左翼副都統○○○右翼副都統○○○去餘依議

八旗考試繙譯　有工次點单一名单二

這監試著○○○去

八旗會試監試御史開列請點　单二

考試八旗文童仝　童生仝

這考試○○○去

滿蒙八旗繙譯騎射

著○○○監射○○○監試餘依議

這外簾官著有圈的去　武鄉試

兵部破簽

武場正考官著○○去　副考官著○○去　武鄉試

武場同考官著○○○去　仝

○○○補授○○省○○營內河水師守備

千總十員開列請　簡　二十八年六月二十日票

○○○補授山東登州鎮標後營外海水師守備

千總三十一員開列請　簡　同治二年二月十四日進

兵部单簽

○○○等依擬用餘依議

每月推選各弁與吏部同（首員出名　千總仝）月選改補

○○○依擬用餘依議

簽升叅遊以下守備以上暨改補近省守備以上各官推升遊擊張雲等俱已奉旨經部發劄付赴任聲明陳振邦一員係卓異候升毋庸引見本後另寫陳振邦一員履歷故不票張雲等只票陳振邦等擬用。部推人員坐補者亦票

○○○依擬用

湯茂領等依擬用

道光〇年八月分簽補都司等官本內共六員俱係在部投

供候選之員業經引　見現在題明給予劄付赴任故只票

○○○依擬用餘依議

此條不甚的當以後遇有此等仍照月選例票依擬用餘依

議本面仍寫某月分簽選某官為妥餘依議即指劄付而言

○○○依擬用餘依議升補同

覆准題准各升叅遊以下守備

題補佐領以上各升

副將服闋俟補用

衛千總雖專題亦不出名

○○○等俱依擬用

准補有二三員者

○○○等俱依議用○○○依議調補

先准補後准調式

如兩人准補次序一首一尾而准調者居中仍將准補者併

寫一處而准者次之

徐萬榮依議調補孫魁一李鳳來俱依議用

先准調後准補式

兵部單[illegible]

孫魁一一員係准升署因李鳳來係准補孫魁一之缺故亦

出名

○○○依議調補

調補各弁

○○○等依調補餘依議

兩人對調式

○○○○○○俱依議調補餘依議

對調新式

四年五月張世璠一本二十五年十一月京營都司二員守備二員俱出名

龐瑞依議用准其與王永祥對調餘依議

此係一面准升一面即准調式

道光三年九月二十九日
進

江南千總龐瑞題升船務營守備因人地未宜請與撫標

守備王永祥對調俱經議准酌票此式

西林保依議借補餘依議

委用叅將西林保借補建昌鎮遊擊

三年七月二十三日進

○○○依議調署○○○依議用餘依議

嘉慶二十一年九月吴得勲一本

○○○調補○省○協營○標路副將○○○調補○省○協營○標路副將

副將對調式

本省對調亦出省分

○○○調補○省○協營○標路副將○○○署理○省○協營○標路副將

一調補一署理式

○○○調補補授署理○省○協營○標路副將有本尾加餘依議

如係水師即票出某處水師副將

凡副將補授有由開列請簡者亦照此式票空名簽調補

署理有由外省奏請經部題准者俱出名出省出缺若叅遊

以下署理不出名補授不出缺○○○改補○營處副將

陸路改水師因係本省改補故不出省名

○○○依議改補

叅遊等官陸路改水師式

○○○依議實授

文職道員武職守備以上服滿換給實授劄付

○○○補授○省副將○○○依議用

副將在前叅將遊等官在後共為一本式

署理後准實授有服滿請實授者（總兵副將同）

烏大經著實授甘肅提督

倪起蛟著實授江南京口協內河水師副將

歴俸期滿准實授

兵部題

○○○調補伊犁鎮總兵所遺員缺著○○○補授

伊犁鎮總兵德光五年俸滿開列請對調　六十年五月十八日進

依議速行

出兵事宜

營馬空缺

河南北岸堡夫准於秋汛裁汰

知道了冊留覽

八旗官兵領過俸餉

知道了单併發

彙題各省三年内甄别過營衛千總數目

彙題改奏爲咨事件年終一次

續查陣亡殉節諸臣後裔給予世職之處請

旨

知道了

武鄉試事宜

進武鄉試錄

武進士題名錄

武會試登科錄

武會試題目

揭曉日期

恭繳黃榜

考試月選弓馬

彙題補放旗員

彙題補放各弁

月選應考驗各弁

廕生在家讀書員名

各省督撫提鎮撥兵護送公務官員

已行覆奏各項[illegible]分別扣補引見

山西○○營遊擊○○○已奏升○○營參將聲明題覆到未具題之先已奏升故無可議票知道　同治七年十月

依議

彙題各省兵馬數目

彙題議覆盜案等項尋常事件　有罰俸大員照單出名已革者不出名不票註册

彙題副將以下降罰各案

彙題議推各省拔補驍騎校

彙題拔補咨補千總

彙題旗員父母就養子弟隨任　吏部票知道了

彙題咨拔調補千把各弁

武會試日期
武會試通行各省
武殿試儀注應改禮節
武場監試各官部件照例寬限
應試武舉造册報部
各省武鄉試名册数符
武鄉會試應行條件事宜
揀選武舉分别等第
各省武舉重宴鷹揚

條奏事宜

裁汰事宜

准休出兵武弁其世職准襲毋庸給俸

微員准開復

微員准休

微員勒休

微員迴避

咨補微員

議准微員降革

千總以下衛千總仝

准各弁復姓

援例各弁

准各弁終養

武弁給假

升銜留任各弁養親事畢仍補原缺

卓異各弁准引見

試俸已滿

邊俸年滿

軍政展限

武弁軍功議叙 有单不票出
陣亡兵丁議䘏
包衣佐領兼管護衛
營員子弟分别留養在營食糧
千把改補近省
初屯准改近
坐補防禦驍騎校等官
土弁准襲
世職准襲

兵部單簿

駐防兵丁数目

卓異賞賜

二年半糾參各員分别議處　軍政司

○省二年半軍政糾參各員議處

出兵大員罰俸俟行查級紀到日再行議抵

應添馬匹数目

孳生馬匹

各省奏繳劄符核覆　本内有交部查議字

補造船隻

塩米銀兩

覆准升署叅遊各官

管站官三年更換

附荐人員三年無過准引　見

提鎮等來京

升署調補候引　見定

籤補守備各員給劄赴任

遊擊留任准回旗調理

副將老病准休

司務實授

升署守備等官毋庸議

旗弁准回旗調理

預保副參等官

世職學習年滿給咨送部引見

准補管屯莊各員

驍騎校准補防禦

尚姓子孫准襲閑散佐領

漂沒員弁議卹

改設護衛
支過工料核覆
朋扣銀兩
應撥各項銀兩
站船報銷
廣州營八旗駐防餘丁均齊
王產應分
應薦人員
武職請封

兵部簽

改用水師

○○省外海水師守備○○○試驗學習期滿准保題

舉行軍政

軍政卓異各弁議覆

考選軍政

軍政糾參各員議覆

兵丁紅白事件銀兩

賞給功牌

應得封卹

議覆孤寡等准給養贍

請頒勅書

巡閱營伍

捐級各員

改造棉甲

准銷各項

軍器核覆

操演槍炮

彙題京營軍械無虧

兵部處分則例

應給印信

准休出兵武弁應否給俸之處俟伊世職襲替後再議

年屆六十歲以上甄別保留

〇〇〇著於職任内降一級留任〇〇〇著罰職任俸〇年〇〇〇著降〇級留任〇〇〇〇俱著銷去加一級免其降級

〇〇〇著罰領侍衛内大臣俸〇〇年個月

〇〇〇著罰親王郡王俸〇〇年個月

〇〇〇著罰尚書都統俸〇〇年個月

〇〇〇著於尚書都統侍郎副都統前鋒統領任内罰俸〇〇年個月

○○○罰俸之處著註於親王貝勒紀錄抵銷○○○著罰俸○個月註册

○○○罰俸一年著註册

縕多端爾濟著罰扎薩克俸一年

福勤洪額降級留任之案准其開復　五年十一月

陳階平罰俸之案俱著准其開復　七年八月

前任電白營都司高鷹振疎防海洋行刼三案俱二參限滿贓賊

未獲著照部議革職餘依議

本内聲明高○○已另案降調今三案每案降一級無級可降

應行革職是以出前任字樣

兵部單簽

二十二年十一月二十二日進察哈爾佐領○○降調一本

係級紀准抵之案因歷來並無著該都統出具考語等語竟

票單簽

此案將無關緊要事件擅發○里驛遞議以降調之副將○○○著

暫停開缺仍留軍前効力俟事竣回營之日該督出具考語送部

引見　照本票单簽

明祿罰俸三個月之處著註於紀錄抵銷其餘犯事革退永遠不

准食糧之人復狥情挑甲之佐領吉爾點著照部議降三級調用

餘依議　六年五月十八日

張承勳著准承襲一等侯餘依議

准承襲十次今張謙之子係第四次 乾隆三十年十月初六日

○○○著給與精奇尼阿思哈尼阿達哈哈番世襲

本身現在式

○○○著給與世襲精奇尼阿思哈尼阿達哈哈番

本身已故式

兵部単[illegible]

兵部　雙簽

鄭柏著革職開缺不准留該處効力

鄭柏著革職暫停開缺准留該處効力

鄭柏著革職作為兵丁効力餘依議

○○○著以原品休致如本尾有承襲者加不必給俸餘依議第二簽照加

○○○曾經出兵打仗殺賊捉生受傷得功牌著以原品休致給與

全俸以養餘年

殺賊捉生受傷得功牌俱照本寫惟出征則票出兵得有功

牌

老病准休可否給俸請　旨

○○○曾經出兵打仗殺賊得功牌著給與全俸以養餘年

○○○不必給俸　已休致者不票著以原品休致一語

業經休致可否給俸請　旨

○○○○○○○○○○○○俱著以原品休致

○○○○○○俱著以原品休致○○○曾經出兵打仗著以原品休致

給予半俸○○○曾經出兵打仗著以原品休致給與半俸以養餘

年　或票原食半俸照本票

此四人准休內二人有勞績者

鍾良保著給與半俸

鍾良保不給俸

同治五年八月初一日票　原題係因傷開缺請給全俸兵
部覆本內只云可否賞給半俸云云並不題開缺一層亦無
曾經出兵等語舊式均不合用只得撰擬此簽亦無以養餘
年作結語

青山額通阿俱著以原品休致餘依議
本內青山係世職應否給俸之處俟查明到部再行核辦

額通阿曾經出兵打仗殺賊捉生受傷著以原品休致給與全俸
以養餘年青山著以原品休致餘依議
此因青山有聲敘故列後仍用前式為妥
○○○著勒令休致不必給俸
○○○著勒令休致曾經出兵打仗殺賊捉生著給與全俸以養餘
年
查閲營伍之年不准告休照例勒休可否給俸請旨
依議○○○著帶領引見
依議○○○著不必帶領引見

軍政卓異引見雙請

○○○著送部引見再降諭旨

○○○准其升補不必送部引見

李光顯著送部引見

李光顯不必送部引見

拏獲鄰境盜犯可否送部引見

依議德喜保等俱著帶領引見

依議德喜保等俱不必帶領引見

軍政計典各員

道光七年十二月十六日

兵部雙簽

○○○准其補授餘依議

○○○不准補授

補授兩請

○○○准其升補

○○○不准升補

升補兩請

依議○○○等准其留營効力

依議○○○等不准留營効力

効力兩請

王士銘准其回籍調理餘依議

王士銘仍留該省調理餘依議

回籍兩請　道光五年四月十七日

定例副將以下衛千總以上准其回籍調理之處請　旨

○○准給世襲

○○不准給與世襲

世職兩請

盧順准給恩騎尉世職餘依議

盧順不准給與恩騎尉世職餘依議

兵部

依議○○所有世職仍留本身

依議○○所有世職著另行承襲

叅員應否仍留世襲兩請

○○○著封為○等侯公伯准襲○世

○○○○著封為○等○○○著世襲

襲封補發

兵部本面

彙題議覆尋常事件

彙題議覆逃案等項尋常事件

彙題咨拔調補千把各員

○月分推升營守備等官

題升某營某官某人准先劄付

某省某營某官某人准預保

世職○○准襲

世職○○○發標學習

發標學習之世職雲騎尉○○○期滿保題

某省之世職雲騎尉○○○學習期滿准送部引見

因病准休之某處協領/防禦○○○可否給俸請旨

某省營某官○○○老病勒休

年已及歲之承襲雲騎尉○○○准發標學習

距籍五百里之某省○鎮游擊○○○准以○鎮游擊對調

某省標各營朋扣銀兩報核覆

某省○鎮營守備○○○升署○鎮游擊之處候引見定

某省折造戰船估需工料銀兩議覆

於失察兵丁賄縱匪人之某省〇鎮總兵〇〇〇等議處

武會試執事人員請　派

八旗繙譯鄉試監射王大臣開列請　點

兵部本[illegible]

部本簽式卷三目錄

雙簽

本面附

宗人府

單簽

雙簽

都察院

硃簽

單簽

雙簽

太常寺
單簽
雙簽
祭祀例單附
光祿寺簽
太僕寺簽
大理寺簽
國子監簽
欽天監簽

通政司簽
順天府簽
内務府簽
理藩院簽

刑部　單簽

知道了冊留覽

進朝審秋審冊

奏銷現審贓罰數目

直省命盜完結案件

朝審秋審清漢字招冊

知道了單留覽

彙題直省已未獲遺犯

依議

彙題駁審改正事件

司員交部議敘

依議單併發

各省軍流分別援減

各省捕資十年無過軍流人犯分別省釋

彙題各省改奏為資事件

彙題各遣犯有無脫逃盜案鳥鎗等款

此条與彙題各省已未獲遣犯相似

依議速行

朝審御史查班

三法司知道

決過重囚 票某人等

知道了

彙題隨時議結細事

彙題每季議結細事 有單不票出

彙題蒙古偷竊發遣

彙題監犯病故

彙題發遣人犯

彙題杖罪捐贖
給過囚衣
刷印律例紙張
支領戶部紙張等項開印後四日進
依議
某省軍流各犯分別准減不准減
徒流以下各犯
斬絞各犯援赦准免
斬絞各犯分別原宥監禁

斬絞各犯不准援免

原毆傷非致命傷輕越五日因風身死該犯杖流

若傷係致命必十日後因風身死方准請　旨杖流者有倘蒙

聖恩字樣方出名

別案從重歸結

逃犯獲日另結

熱審減等

首犯自行投首發遣

發遣人犯

七歲以下不加刑

例准留養　無倘蒙　聖恩字樣

朝審應行事宜

贓贖銀兩　刑部惟此本向無貼黃私鹽變價銀兩仝

○省○年分承追　贓罰　銀兩　核覆

刊刷朝審秋審板片等項

朝審秋審刊刻版片等項用過銀兩數目

例不出名各官降罰等項

司員試俸年滿

彙題刨參人犯杖流

斬絞情輕九卿議改流徒等案無倘蒙　俞允字樣由斬決改流者票依議改為杖流

發塚見棺之崔名瑞絞候改發遣

本內恭引　上諭不必從重仍按本律改擬雖有如蒙　俞允

字樣亦不票雙簽票依議單簽加說帖

子孫被殺而祖父母父母受賄私和無論贓銀多寡均杖一百

完結　單簽加說帖

○○○著即凌遲處死凡有本尾者加餘依議

○○○著即處斬梟示

○○○著即戮屍梟示·

應凌遲梟示之犯或已病故

本內無梟示字即不槩出

○○○仍著戮屍梟示

或著剉屍或仍著戮屍俱照本票

零化驚仍著剉屍示衆餘依議

六年六月十一日

○○○著即凌遲處死○○○著即處斬

一凌遲一斬決若一凌遲數斬決加俱字

○○○著即處斬○○○仍著戮屍梟示

一斬決一戮屍

○○○著即處斬絞餘依議

因瘋刃傷伊父因病身死之○○○係獨子本内有並無違犯

等語票斬決單簽二十四年八月十九日

傷死功服卑幼一家二命擬絞決同治二年進四川一本原題有奏請定奪字樣不票雙簽

○○○○○○俱著即處斬絞

○○○著即處斬○○○著即處絞

一斬決一絞決

張三依擬應斬著即行正法

造意輪姦拒傷本婦並傷死幼女之張三正法

○○○著即處斬絞○○○依擬應斬絞著監候秋後處決餘依議
一斬絞決一斬絞候
○○○○○○俱著即處斬梟示○○○○○○俱著即處斬○
○○依擬應絞著監候秋後處決
此斬絞梟俱全者
○○○依擬應斬絞著監候秋後處決
如有兩犯一斬一絞令再審者亦如此票其部駁之處歸餘依
議
○○○俱依擬應斬絞著監候秋後處決

兩三人斬絞同者式

○○○依擬應斬○○○依擬應絞俱著監候秋後處決

一斬候一絞候　如兩三斬絞候者仝

○○○仍依擬應斬絞著監候秋後處決

已入秋審之犯因變逸出被獲仍照原擬罪名

本面寫因變逸出被獲之斬絞犯○○○仍斬絞候　同治四年六月十七日票

○○○依擬應斬著監候

盜犯待質

又命案監候照原題查明屍親有無次丁留養之處另題

毆胞兄家無次丁照許直例及擬斬候秋審時入於另冊呈進
趙文山闞氏俱依擬應絞著監候
叔嫂為妻之趙文山等絞候秋秋審時核其情節另辦　本内
無秋後處決四字　道光二年六月盛京本
○○依擬應絞著改為監候秋審入於緩決餘依議
脫逃被獲之軍犯○○○絞候入緩決
○○○依擬應絞著監候
禁卒賄縱重囚候緝獲審奪
誘拐不知情子為女絞犯自首惟被誘之現無下落候限滿有無

獲再行核辦

湯如太一本因落水身死未獲聲明俟下年秋審時取結另辦

有牢固盜禁字樣只票監候

○○○依擬應斬絞著監候酌入秋審可矜情實緩決俱照本票

蒙古偷竊馬匹盜犯其擬絞入情實緩決者俱照此票

瑪爾拉奈依擬應斬著監候秋審時入於情實○○○依擬應絞

著監候秋審時入於緩決其於所屬因事餽送禮物輒行收受之

○○○著照部議革職餘依議

偷竊蒙古牲畜三十匹以之瑪爾拉奈等斬候等因

一一情實緩決

有說帖

○○○依擬應絞著監候秋審時入於情實

○因姦謀死伊夫前妻之子並姪二命絞候加重入秋審情實

緩決絞犯脫逃入秋審情實

○○○依擬應斬絞免其即行正法入於明年秋審情實此係外擬

絞候之犯部駁改擬絞決請旨即行正法因恭逢恩詔免

其即行正法仍入於明年秋審情實　簽照本票

卜學詩依擬應斬免其立決入於下居秋審情實辦理　下居二字照本

票

該犯脫逃應立決因赦免其逃罪原犯斬罪不准援免仍入於
秋審情實

張繼成依擬應絞著監候秋審時入於可矜
擅殺死杜十之張繼成絞候入於可矜

○○○依擬應絞著監候秋審時入於緩決
因口角細故致伊夫氣忿自盡絞候因名分攸關不准援赦本
内聲明秋審時入於緩決

又疎防越獄自首者入緩決

胡文舉依擬應斬著免其立決入於秋審辦理
又疎防越獄自首者入緩決移前

斬犯脫逃八年因在赦前免其立決入於秋審辦理查辦理二

字應作情實刑部誤　四年九月

賈元興即賈瞎子依擬應絞著監候入於本年秋審辦理

已經擬絞之犯又訊出另犯鬭殺事在赦前援免仍照前擬歸

入本年秋審辦理　四年八月

前絞犯名不同勾到簽回堂賈瞎子即賈元興

○○○依擬應斬著於秋審緩決永遠監禁

○○○依擬應斬著監候秋審時入於緩決永遠監禁

近因此式　該犯之父被某殺死某擬絞赦歸將某殺死部議

以國法已伸不宜復仇

劉氏依擬應絞著入於緩決永遠監禁

因姦傷死親女　本內無秋審字

老李楊氏依擬應絞著監候秋審時入於緩決永遠監禁韓奉儀

依擬應絞著監候秋審後處決餘依議

因姦殺死親子滅口之○○○絞候入於秋審緩決永遠監禁

姦夫同謀加功絞候

○○○依擬應絞著永遠監禁

親母因姦殺子不致絕嗣者　有票不准援赦者照本票

盜錢粮倉庫千兩以上三年限滿不完官犯

〇〇〇依擬應斬著永遠監禁

瘋病殺人

原造方以藥迷人之犯

江洋大盜情有可原

〇〇〇依擬應斬著牢固監禁

脫逃餘丁

〇〇〇依擬應絞著牢固監禁

援赦之同謀共毆絞犯

○○○依擬應斬著監追

虧空人犯

○○○依擬改為應

著監候秋後處決

御門下九卿議奏之件

井發依議改為杖流餘依議

傷死胞兄原議斬決部議照王仲貴之例改流雖有如蒙俞

允字不票雙簽因係斬決改流不票依議加說帖　此等案亦

有雙簽說帖須查

九卿定議由斬決改郝流留者亦照此票　無說帖

凡部議改杖流者應加改為字樣照本票九卿議本近來議票
改為二字
○氏著俟產後一月即行凌遲處死　一月或○月照本票
○氏著俟產後百日即行處斬
○氏依擬凌遲處死即飭驗訊明確如實係懷孕俟產後一月正
法餘依議　二十一年四月初五日
○○○著照例免其治罪
七歲命犯
○○○年逾八十從寬免死照律收贖

年逾八十兇犯

○○○從寬免死照例減等發落准留養親

斬絞聲請留養

王建邦著從寬免死照例減等枷責准留養親餘依議

緩決絞犯隨案聲請留養中有減流一層

○○○著照例枷責准留養親

毆死謝○之吳○杖流請留養

本内雖有倚蒙

俞允字不票雙簽如無

俞允字即票依議

○○○著照例釋放准留養親

監禁多年瘋病已痊查明親老之〇〇〇准留養

有倘蒙

恩准字出名否則票依議

〇〇〇依擬杖流徒餘依議

官犯杖流杖徒官犯不准免罪無可否字樣惟係職官故出名

王光治徒罪准其收贖餘依議

雙月成篤之廣西已革靈行令徒罪准贖

本內無可否及

欽定字惟係職官故出名

〇〇〇准其寬免餘依議

官犯流徒准免官犯准免者亦出名

已革典史杖流援
赦准免

〇〇
〇〇
〇依擬（發遣 充軍）

職官出名發新疆票此

楊星坤著發往新疆充當苦差餘依議

係把總有恭候
聖裁字樣

李惟清准寬免其失察典史擅受濫行釀命匿不祥稟之朱光照
著照本革職餘依議

典史杖流准免

係職官故出名候
旨定朱光照係知縣應有說帖

恆
瑞著革去蔭生准其免罪餘依議
係七品蔭生貪利妄為本內請
旨革去蔭生擬軍折枷事在
赦前准免惟係蔭生故出名
○○○准其減等杖徒
流罪減徒請旨
陳允澂著照例減等杖徒
流犯減徒　有偽蒙
聖恩字樣
○○○依擬減等收贖
男子拒姦殺死姦夫年未及歲

○○○著照例減等杖流
該犯杖流請
旨照例減等杖流
男子拒姦傷死姦夫及生供確鑿者仍絞候
○○○著照例減等收贖
拒姦斃命死者年長十歲以上照例減等杖流年未及歲收贖
有請
旨定奪
○○○著照例減等杖責
男子拒姦斃命擬流累減
○○○依擬減等杖徒

男子拒姦殺死姦夫累減

○○著照例減等杖流收贖

○死者年長十歲以上照例減等杖流年未及歲仍照例收贖

○○○依擬杖流

此條絞候下九卿議改杖流者與絞決改絞候不同故不用改為字樣前并發一條斬決改杖流有改為字與此式不同

擅殺死有罪卑幼原擬絞候部議改杖流亦照此票

趙蕫堆依擬應絞著監候秋後處決餘依議

窩藏竊賊致伊母趙氏憂忿自盡之蕫蕫堆因同監人犯糾約

越獄並未隨從援案減絞候

○○○著照例枷責完結

旗人砍死胞弟

○○○○○俱照照例枷責餘依議

作爲異端法術之已革驍騎校杖流折責

保辜限外減流援

赦請免亦照票

○○准其減等援免餘依議

絞犯援赦減免只票依議此本內前有倘蒙

聖恩准其減流

所得流罪逢

恩援免故須票出減等而係年老

恩旨不好

擡寫故不票擬赦
減等二字或票累減照本票
○○○准其減等擬赦免罪餘依議
絞侯因救親情切減流復擬赦免罪
（票單簽另有新式見上）
依議阮元著罰俸三個月
依議盧坤著罰俸九個月
○○○依擬應絞著監侯秋後處決和明著罰俸九個月
蔣兆奎著於補官日罰俸六個月餘依議
錯擬罪名遵駁改正本內議處巡撫臬司出名

有大員降革者亦票於後乾隆六十年十二月初三日進呈應

枚一本票〇〇〇依擬應絞著監候秋後處決〇〇〇著革職

餘依議

〇〇〇著圈禁空房緩決

〇〇〇著圈禁空房監候

宗室人犯

劉七一犯著江蘇巡撫迅速嚴審如罪應斬梟應歸彼案從重辦

理如與現擬罪名相等即在江省處斬餘依議

盜犯　二十三年五月

陳玉昌著即處斬其罪應斬決之劉七一犯著例解交直隸省覈明
如與現擬罪名相等即在該省正法　二十三年九月初八
劉泰遠著即處斬其罪應斬決之鄭忝保一犯著俟緝獲之日另
行核辦餘依議

鄭忝保係首犯已擬罪名續報越獄　道光四年二月
蔣三依擬應斬仍例解交直隸省質審如罪名較輕應歸此案從重
擬結即在該省正法

江蘇盜犯蔣三部議斬決因接直隸來文必須該犯質訊本內
聲明如罪名較輕應歸此案從重擬結即留直隸監禁以免疎

虞奉

旨後由直督辦理

此案罪應斬決之沈三著俟另案例觧審明確再行核辦餘依議

五年五月二十四日進山東司一本

此案罪應斬梟之戒光著俟該督將另案之陳金鰲有無主謀賄囑之處質訊明確將該犯即行正法餘依議

殺死○○○等一家二命之戒光斬梟該犯尚有謀殺死○○○之案應斬俟毋庸議應俟將同案人犯質訊明確再行正法

○○○○○○俱著即行正法

遺犯脫逃被獲本內未出斬決例牌

○○○著交該將軍即行正法

駐藏兵丁命案

○○○著交該旗即行正法

○○○著解部即行正法

此案著該部仍照舊例定擬具題　單簽不加說帖照本票

此案著該撫詳核新定重程妥擬具題　仝上

此案著該撫再行詳例意妥擬具題　仝上　此二次駁者

此二簽勿輕用仍照駁審票雙說為妥如第二次再駁宜用此

簽不加說帖

此案著該　再行研鞫妥擬具題

共毆傷死王化成之王登潰絞候行令仍照前駁再行定擬具

題

刑部雙簽

○○○應追贓銀准其不准豁免

凡本內聲明與例相符雖有倘蒙字句票依議單簽

○○○准其不准援減

○○○准其減等杖流

九卿定議具奏

因姦殺死伊妻及叔之○○○斬候改流部議擬罪過重可否減徒請旨

○○○依擬減等杖流

情切救護雙請有說帖　　道光二年進席英一本

劉德聰依擬杖流餘依議

劉德聰照例減等杖流餘依議

○○○依擬應○著監候秋後處決楊四女（准其旌表／不准旌表）

○○（准其／不准）收贖○○○（准其／不准）援例收贖

果明阿等既經犯親呈懇情願領回侍養著原情准其減等折

枷餘依議單併發

果明阿不准減等折枷餘依議單併發

○○○著即處斬其拏獲鄰境盜首之彭入傑俟服闋後遵部奏

部駁三簽

領引見

○○○著即處斬其拏獲鄰境盜首之彭人傑不必引見田治著
即處斬餘依議　下次簽

田治依議改為應斬著監候秋審時入於情實餘依議

依議

部駁甚是依議

○○○著照該○所擬著即凌遲處死餘著照所奏完結

依議

部駁甚是依議

○○○著照該○所擬著即處斬○○○○○○俱應斬絞監候秋
後處決餘著照所奏完結
依議
部駁甚是依議
○○○著照該○所擬應絞監候秋後處決餘著照所奏完結
依議
部駁甚是依議
○氏著照該○所奏完結
依議

部駁甚是依議

〇〇〇依律杖流

照例枷責

餘著照該將軍所奏完結

秋審　朝審簽

○省秋審緩決各犯

○省秋審情實各犯

○省秋審可矜各犯

○省秋審服制情實

均有册

○○○○○○著仍緩決○○○○○○俱著監候緩決

如本内有永遠監禁之犯即於監候緩決下添○○○著永遠監禁　同治四年照本稟

〇〇〇著仍緩決
舊事緩決官犯
〇〇〇〇〇〇俱著監候緩決〇〇〇著候該將軍查明辦理嘉
慶二年添新疆緩決各犯有應查辦者或交該將軍或交辦
事大臣俱照本票
這情實〇〇〇著覆奏冊留覽覆
舊事無冊如俱係舊事下三
字刪去
朝審加照例二字
常犯服制仝
服制近票這服制情實
這情實官犯〇〇〇〇〇〇著覆奏冊留覽覆
宗人府仝

這情有可矜各官犯○○○○○○依議免死減等發落餘依

議

可矜各犯

如係一人用人犯

可矜無册可矜本内又請

留養者有册詳見後

同治四年王麟一犯係可矜又請留

養本内雙行云如親老丁單准其留養倘犯親已故即入可

矜只票依議册留覽

這情有可矜各犯○○○○○○依議免死減等發落○○○

著仍入於緩決餘依議

這情有可矜各犯○○○○○○依議免死減等發落○○○

准其再減一等餘依議　再減者前不出名照貼黃寫

凡毆死不孝有據之妻例得再減一等

這情有可矜人犯○○○依議免死准其再減一等發落餘依

議

嘉慶四年奉

諭旨四川省周萬成楊作元殺死伊妻固因其

詈罵翁姑[illegible]俱係故殺著免死減等發落無庸再減一等欽此

嗣後可矜之本故殺者不准再減鬬殺者方准再減須看情節

票簽如聲敘含混即片詢刑部為妥

○○○○○○俱著從寬免死照例發落准留養親其承祀餘依議冊留

覽

○○○○○○俱著監候緩決○○○○○○俱著從寬免死照

例加責發落准留養親其承祀餘依議冊留覽

或加責或發落不必照本四字全出

本犯有應候緩決一次後再行查辦及瘋病殺人應行監禁

候病痊後再辦者俱歸入餘依議其不准留養者票○○○

等俱著監候緩決於留養之前雖本內留養在前緩決在後

亦不必拘　三年即照此票

依議冊留覽

留養承祀各犯行查

著候勾到

各省秋審情實覆奏

刑科覆奏○某人等○覆奏事

服制仝　停勾年分不進黃册

光緒元年刑科來片可查

○○○著牢固監禁

服制本無予勾者票此式

○○等　重囚事

○○○○○○著牢固監禁○○○著永遠監禁

因瘋永遠監禁 服制本有因瘋者 咸豐三年〇旨意載

在前

這所勾〇〇〇〇〇〇著即處決〇〇〇著牢固監禁 重因事

各道請勾本亦票人等 此內如有因瘋永遠監禁及耶教

匪犯遇赦不赦者皆遵本日所奉之旨票出

這所勾官人犯著即處斬例著牢固監禁

朝審勾到 同治三年大學士在內閣勾到雖 朝審人犯

亦一律出名

這情實官人犯今年著停止勾決

停勾年分有冊者加冊留覽

三法司知道

朝審決過重囚　係監斬刑部右侍郎具題票某人等

這情實官人犯今年著停止勾決已有旨了

咸豐元年同治元年十一年亦照此式遇有服制情實簽上

亦不票出服制二字係與刑部說明

這所勾〇〇〇著即處決〇〇〇著牢固監禁

同治十二年九月初七日服制奏

旨予勾有方

連東一案票此簽

刑部本面

彙題○季議結細事

各省軍流常犯分別准減不准減

緩決絞犯○○○准留養

因瘋殺人業經痊愈例應留養之○○○准釋放

某省○年分承追贓贖銀兩各數核覆

强盜殺人之○○○斬梟

盜犯某人等分別斬梟斬決　兩人以上加等字

情有可原之盜犯○○○照例發遣　亦有監候待質

搶奪聚衆三人以上並未動手為從之〇〇〇充軍
因姦謀殺死〇〇之〇〇〇應斬請
旨即行正法
拒姦毆傷大功服兄〇〇〇致因風身死之〇氏減流照例收
贖
因姦拒捕傷死〇〇之〇〇斬候絞審
傷死〇〇之〇〇〇斬候聲明救父情切請
旨減軍
因姦某殺死本夫〇〇〇之〇〇〇斬決不知情之姦歸絞候
聲明尚有不忍致死其夫之心夾簽請
旨
傷死胞兄〇〇〇之〇〇〇斬決聲明死係忤逆毆由母命夾

簽請　旨

傷死○功尊屬○○○之○○○斬決聲明並非逞兇干犯夾

簽請　旨

傷死○○○之○○○絞候聲明保辜限外減流請　旨

傷死○○○之○○○絞候聲明年未及歲減流

某犯業經病故毋庸議

謀殺傷而未死之○○○斬候

原謀監斃將下手傷死○○○之絞犯○○○減流

餘犯監斃將下手應擬絞抵之○○○准其累減等因

原毆傷輕致○○○因風身死之○○○杖流減徒

互毆各斃一命將應抵之○○○等遞減杖流

因瘋傷死尊屬之○○○斬候此係九卿定議之件

被毆追趕致○○○自行失跌身死之○○○減流

因變逸出自行投歸之○犯○○○減流

越獄脫逃被獲之○犯○○○改立決

各省秋審情實各犯有服制照添

盜賣引鹽計贓逾貫之○○○絞候

竊盜之犯贓至五十兩以上之○○○絞候

男子拒姦傷死○○○之○○○杖流如非死者年長十歲以
上及生供確鑿者仍絞候
子女犯姦致伊父○○○被殺之○○○絞候
强姦十二歲以下幼童女之○○○斬絞候
誘拐子女被傷不知情之○○○絞候
投遞匿名文書造言人罪聞拏投首之○○○減流
聚衆奪犯傷死差役之○○○斬絞等因
糾衆刦因隨同助勢之○○○等斬候秋審入情實
私押嚇逼致○○○自盡之衙役○○○絞候

疏脫重犯之例役杖徒

工部　殊簽

這抽取禾稅著〇〇〇去餘依議

這差著〇〇〇去餘依議

工部　單簽

是依議

三陵鹿角木估需銀兩　三陵係　永陵　福陵　昭陵

是依議冊併發

三陵歲修工料錢粮　無冊者去冊併發

無歲修字樣不加是字有核減者去是字

依議速行

速行修築等工

依議冊併發

各省修理城垣已未完各案　修理貢院仝

各各項工程減銷

撥運各省火藥核銷

軍械工料銀兩

依議冊留覽

奏銷内務府光禄寺瀛台中海等處用過錢粮

修理古昔陵寢用過錢粮

修理炮用過工料銀兩

依議冊圖留覽

河道錢粮事宜

知道了冊留覽

派員修理工程用過錢粮係清單票單併發

二百兩以上特題二百兩以下彙題

陵寢用過錢粮

内廷用過炭水煤柴等項

每月用過雜項錢粮

營繕等司用過緞疋等數

製造庫零星錢粮

修造簾子等項

節慎庫出入錢粮　係清單票單併發

彙題直省工程已未完各案

彙題批交該部知道辦過准撥各案

彙題改奏為資各件

年終題銷領過金銀顏料

著察核該部知道

寶源局用過銅鉛　票某人等

知道了

修理各倉用過銀兩

殺虎口交收禾稅數符

用過螺炭數目

彙題各營資取軍需等項報銷

依議

核銷各項工程

防護古昔陵寢無誤

估需各項工程　河工仝

沿河栽柳

挑挖淤淺

未完銅斤銀兩追賠

捐銀留庫應用

火藥銀兩

全完河銀准紀録

北河兵餉

琉璃廠監督派員更替

木廠監督更替

兩窰監督照倉監督升轉

管理寶源局監督

管理钱局照常升轉

抽分差滿更替

煤廠監督更替及留任

木炭監督更替及留任

派管木廠灰廠街道

修造戰船

鼓鑄數符

修理貢院

修理鹽池
修理官房
採珠缺額議處
採珠多得給賞
木植變價
熱河等處咨取錢粮核銷
移取户部銀兩備用
無力追賠銀兩
節慎庫平餘餘銀兩核銷

司官試俸年滿

降罰不出名各官

收貯軍器

監收木税

依議單併發

直省官員賠項准豁　七年三月初六日

工部　雙簽

此案免其造册報銷

此案著造册報銷

綏遠城賠修城工已經寬免可否免其造册

○○○著紀録○次餘依議

○○○著紀録○次其因經征河銀未完議以革職之○○○著

該○出具考語送部引見再降諭旨餘依議加說帖因公處分照吏

户兵各部簽酌票

工部本面

江南中河廳屬啟閉壩工用過銀兩准銷

某省臬司修理監獄用過工料銀兩准銷

某省修理河船用過工料銀兩核銷

某省某廳屬搶鑲新埽工程用過銀兩核覆

盛京深河等口抽收木植各數核覆

木倉監造棟員更替

宗人府　單簽

○○○著[授襲]封為○○[親王郡王]○○貝[子勒]○國[公將軍]

將軍公有寫授為者餘俱寫封為　襲封減一等

○○○授為奉恩將軍

此件向票依議近遵○旨一併出名本內有上朝及撰給

誥敕等語加餘依議

○○○著改為襲封奉恩將軍

五年五月票一本改為奉恩將軍只票依議

○○○授為一等奉恩將軍○○○授為二等輔國將軍○○○

授為

授為三等鎮國將軍○○○授為奉恩將軍餘依議

考試宗室分别封爵本内雖有封為字樣簽上只寫授為

這考試著○○○去餘依議

考試年滿宗室及文生員繙譯騎射 空名簽

○○○著紀錄一次

管理覺羅學五年期滿議敘

○○○著罰俸○個月

親郡王著賞宗人府事

○○○補授宗人府宗令

左右宗人

左右宗正

○○○俱依議補授

題補理事等官

○○○依議用

王公護衛

稽察覺羅子女頭目

知道了冊留覽

奏銷宗室覺羅王公官員等領過俸餉銀米數目

知道了

彙題四品以下旗職官項全　有單不票出

依議

王公請謚　已故○親王○○請　予謚

世職不准承襲

已襲封貝子等請給冊

承襲○○將軍後○○請給予誥命

新封○○公將軍○○授擬誥命

襲封親王續經添撰冊文

承襲將軍隨旗上朝

承襲賞給輔國將軍等應得誥命請撰擬

王等照例應得謚號

宗室大員逢恩給廕、有單不票出　此本無清文

遵旨議覆事件

請修王牒

齊戒推故不得齊集之宗室庫章京等罰俸

獲護軍叅領等准休

屬員試俸期滿

宗人府　謹奏

俟派大臣會同該衙門考試引見

該衙門考試引見

親王以下奉恩將軍以上之子年滿二十請考試引見

○○○不必入八分

○○○著入八分

承襲公爵謹請

著與謚

不必與謚

公兼將軍等應否予謚

大阿哥多羅貝勒薨逝應否予謚請

旨

都察院　殊簽

巡視長蘆兩淮鹽政著〇〇〇去

巡視長蘆鹽政李如枚著再留任一年　十二年二月初九日

巡視浙江鹽政兼織造事務著〇〇〇去

稽察〇〇旗蒙古滿洲漢軍旗務著〇〇〇去　不照本寫擡查

稽察〇〇旗〇〇〇〇〇〇旗旗務開列請

派　本面式

稽察滿洲火器營事務著〇〇〇去

著〇〇〇四人〇〇〇專司稽察一年旗務

著〇〇〇稽察左右翼前鋒統領護軍統領事務

稽察左右翼前鋒統領護軍統領員缺開列請
簡 本面式

著署查○○旗蒙古滿洲漢軍旗務著○○○去
有署查字樣照此票

○○○補授○科掌印給事中

○○科掌印給事中員缺擬定正陪開列請
旨 本面式

各道御史近係引見不進本如有亦照此票
見吏部

滿漢字均不票出

○○○著掌京畿河南道事務

掌○○○○道滿洲漢監察御史員缺擬定正陪開列請
派 本面式

○○○著協辦理京畿道事務

○○○著署掌京畿（河南）道事務　惟京河二掌道請署票此式

著○○○署理

請署科缺　各道請署仝

著○○○監試

考試繙譯童生

著○○○監試○○○點名

考試繙譯錄科

巡視○城事務著○○○去

巡視○城事務員缺擬定正陪請
簡

嘉慶二十三年四月十一日　上諭嗣後巡城城御史著
該堂官旗科道内揀選公正廉明者每一缺保奏二員帶領
引見候朕簡用欽此現值　垂簾聽政請照京畿河南二道
之例每一缺擬定正陪具題請　簡光緒元年四月二十九
日

都察院　單簽

該部議奏

保題司坊官引　見升轉

該部察議具奏

糾參科道

題參遺漏

照刷文卷

○○○著議處具奏該部知道

題參兵馬司議處有兩三人加等字首員出名外委○○○

疏防亦照此票 此本係會同步軍統領

知道了

稽查缺主及年滿書吏

刑科初覆奏

刑科二覆奏

上二件單指朝審各省俱票候勾到　票某人等

知道了該衙門知道

江南道稽察在京十二倉磨勘三庫月終奏銷之籍

彙題各衙門支領三庫物件

彙題各衙門支領米豆

上二件係江南道題本票甚人等

五城送部辦理事件兩月註銷一次　票都察院　一件經歷司案呈

五城現審案件兩月註銷一次　一已完○件　一未完○件

知道了該衙門知道其逾限情節該管大臣察議具奏

參註銷逾限科本式

知道了該衙門知道其逾限情節已有旨了

參註銷逾限道本式

知道了吏部知道遺漏逾限情節都察院察議具奏

吏部註銷逾限科本式

知道了吏部知道其遺漏逾限情節已有旨了

吏部註銷逾限道本式

知道了該衙門知道其三旗參領逾限情節該部察議具奏

內務府註銷逾限

該部知道冊併發

河南道照刷部院諸司卷宗某人等

知道了該部知道

每月註銷事件

六部票該部十三衙門票該衙門

五城彙題已未完獲承緝各案　山東道年終題

各科道彙題難結事件　吏部年終彙題

又京畿道等年終題

歲底并兩月註銷各司坊竊案　票都察院

依議

御史試俸年滿

議處吏部官員　凡自行檢舉者咸豐三年奉〇〇旨無論

堂司各官俱聲明請

旨雙簽式詳吏部簽內遵

旨議覆

事件

屬員試俸期滿

保題俸滿筆帖式本屋有㑂〇命下移咨吏部註册

都察院　雙簽

該部察議具奏

這所參到任遲延各官其違限不及四月者從寬免其察議餘

著察議具奏該部知道

吏兵二科摘參到任遲延各官

速限四月內外察議雙請

該部察議具奏

這所參到任遲延各官其速限不及四月從寬免其察議餘著

議奏該部知道

本内違限以上之員行文查奏另行參奏式

該部察議具奏

這所參到任遲延各官其違限不及四月俱從寬其察議該部

知道

本内無違限四月以上之員

該部察議具奏

這所參到任遲延各官其違限不及四月者從寬免其察議餘

依議該部知道

本内有查明某員展限外亦係違例不及四月應免開參

在京疎防都察院衙門題叅票〇〇〇等議處具奏該部知

道照通本式

該部察議具奏

這所叅到任遲延各官違限不及四月從寬免其察議該部知

道

摘叅到任遲延各官可否免議請 旨 俱不及四月用此

式

太常寺單簽

遣○○○視牲○○○看牲

親祭圜丘　祈穀　方澤　常雩

遣○○○看牲

遣官恭代式　視牲即令所遣之員故不票出

昭福永陵遣○○○○○○○○○行禮共一簽　照單寫簽

清明　中元　冬至　歲暮等節祭享三陵

後中殿遣○○○○○○行禮共一簽

歲暮祫祭　大廟先期遣官造祭

十二月○○日歲暮祫祭　太廟前期告祭遣員　照單寫簽
後殿奉安　肇祖．興祖．景祖　顯祖　列帝后
中殿奉安　太祖　太宗．世祖　聖祖　世宗
遣
○○○行禮
忌辰祭本陵○月○日忌辰祭○陵遣員　照單寫簽
清明冬至祭陵○月○日清明冬至祭○陵遣員　仝
萬壽聖節祭　太廟後殿遣員　上加○月○日
萬壽聖節祭　顯佑宮遣員
萬壽聖節祭　東嶽都城隍廟遣員

元旦
城隍
先農壇　三月吉亥
顯佑宮
端慧皇太子園寢
火神廟　六月二十三日
東嶽廟
黑龍潭
玉泉龍神廟

昆明湖龍神祠

惠濟祠

河神廟　共一本

遣○○○行禮兩廡遣○○○○○○各分獻　兩廡四員

太歲壇　歷代帝王廟　先醫廟

遣○○○行禮兩廡遣翰林官二員各分獻崇聖祠遣○○○行

禮

丁祭　孔廟○月○日祭　先師孔子廟遣員　單一片一

遣○○○行禮後殿遣○○○行禮

關帝誕辰　春秋二祭仝

○月○日祭　關帝廟遣員

文昌廟仝

朕親詣行禮四配位遣○○○○○○各分獻十二哲遣○○○

○○○○○○○分獻崇聖祠遣○○○行禮

奉　旨親祭　孔廟

遣○○○後祠兩廡著太常寺派員分獻

昭忠祠

遣○○○

〇月〇日春祭〇〇祠遣員　照單寫簽

雙忠祠　係原任一等伯傅清一等伯左都御史拉布敦等之專祠

褒忠祠　係原任太子太保傅彪内大臣都統三等公額勒登保之專祠

獎忠祠　係原任太子太保武英殿大學士忠銳嘉勇貝子晉封郡王福康安等之專祠

旌男祠　係誠嘉毅勇公將軍明瑞總兵德福都統拉豐阿總兵李全王玉廷護軍統領觀音保之專祠

遣〇〇〇後祠遣太常寺堂官一員

賢良祠

遣〇〇〇行禮從壇遣〇〇〇分獻

夕月壇

遣○○○行禮

朝日壇　引禮恭代俱照本票

同治十二年正月二十七日太常寺來片據稱春分致祭朝日

壇如遇甲丙戊庚壬之年雙請其餘之年專請遣王恭代

是

孟冬祭八陵　今為十陵　永福昭孝景泰裕昌慕定

萬壽祭各陵　本內無永陵字樣曾問過太常寺以永陵應於

太廟後殿故祭而不列入

○月○日萬壽聖節祭陵

端敬皇后忌辰遣孝陵在陵官致祭八月十九日
依議
萬壽聖節祭　皇后陵遣員
宣諭誓戒
孟冬遣園寢官致祭　端慧皇太子　皇后陵寢仝
移取户部工部銀兩
彙題修歲工程等項用過銀兩
屬員試俸期滿
依議册留覽

各陵寢用過錢糧數符

知道了

歲修工程

知道了冊留覽

本衙門奏銷

祭祀制帛實用餘存各數

彙題祭祀等項用過銀兩工部逐款查核准銷數目

太常寺　雙簽

朕親詣行禮四從壇遣　各分獻

遣○○○恭代四從壇遣　各分獻

圜丘　方澤　常雩各大祀雙請

○月○日夏至大祀　方澤

朕親詣行禮從壇遣○○○分獻

遣○○○恭代從壇遣○○○分獻

夕月壇　舊例辰戌二年雙請道光二年改皆雙請四年夕月

壇單簽遣○○○行禮從壇遣○○○分獻近仍照本票單簽

朕親詣行禮

遣○○○恭代

恭代下加餘依議

祈穀壇

先農壇

朝日壇

社稷壇

太歳壇

經筵日祭傳心殿

如皇上駐蹕行在票遣○○○行禮不用雙簽

朕親詣行禮東廡遣　西廡遣　各分獻
遣○○○恭代東廡遣　西廡遣　各分獻
歲暮祫祭太廟
朕親詣行禮後殿遣　行禮東廡遣　西廡遣　各分
獻
後殿遣字樣另行高一格寫
遣○○○恭代　後殿遣　行禮東廡遣　西廡遣　各
分獻
四時祭享太廟
朕親詣行禮兩廡遣　各分獻

遣○○○恭代兩廡遣　　各分獻

祭帝王廟　現用單簽恭代二字改寫行禮

○月○日祭歷代帝王廟遣員　照單寫簽

皇后親詣行禮

遣妃恭代

奉

皇太后懿旨遣妃恭代

季春吉巳祭

先蠶壇儀請　此歸禮部題

祭祀例單

各壇廟祭祀雙請單請題本開列於後

一得辛日祭祈穀壇〇常雩禮祭天壇〇冬至日祭天壇〇夏至日祭地壇〇春秋祭社稷壇〇四孟時享太廟〇歲暮祫祭太廟〇春祭先農壇各題本皆雙請

一春祭朝日壇如遇甲丙戊庚壬之年係雙請其餘之年遣官致祭

一秋祭夕月壇如遇丑辰未戌之年係雙請餘則遣官致祭

一春秋祭文昌廟關帝廟均係雙請單請間次輪轉

一春秋祭孔廟歷代帝王廟均係照例遣員如遇親詣行禮特奉
諭旨親祭
一春祭先蠶壇係由禮部題請

光祿寺

依議

移取户部銀兩

本內專例堂官銜名

屬員試俸年滿

知道了冊留覽

每月彙題奏銷錢粮

每月用過錢粮

每年用過錢粮數目

每月支存錢粮

奏銷牛羊數目
恭送梓宫供卓銀兩
該部詳察具奏
寺庫各項銀兩

依議

太僕寺

兩翼馬羣分等照例賞罰

屬員試俸年滿

大理寺

依議

屬員試俸年滿請實授

國子監

該部察議具奏

糾參屬員

該部議奏

教習外藩陪臣子弟

該部知道

舉行選拔

依議

典籍等官試俸年滿請實授

欽天監
禮部知道時憲書式樣併發
恭進時憲書式樣　此件雖票式樣併發係衙門照例辦理本
出科時並無憲書式樣聞係奏事處截留
該部知道時憲書留覽
進日月五星相距躔度
知道了禮部知道
日月食分秒　先期繪圖進呈并請敕部行文各省日月食救
護事宜

知
道了晴雨日期冊留覽

恭進晴雨錄

知
道了

進時憲書日期

頒時憲書日期

四季占風

地震星變

日月食　臨時具題

八節觀候

雷占

日月食觀候　此係密封無副本不出科交滿本堂貯庫　近

有副本

直向來日月食觀候本章俱係欽天監奏明後補題今恭逢

皇上巡幸木蘭該衙門將此本具題到閣臣等票簽進　呈恭

候發下照例存貯內閣不發科抄理合聲明謹奏　此隨本說

帖式

通政司

該部議奏具奏

題參賀本遲延

已有旨了該部知道

參各省通本舛錯太甚

該部知道

題參軍政案内誤將舉劾人員合為一本

依議

屬員食俸年滿

據奏

順天府

奏報耤田嘉穀

知道了該部知道

該部嚴察議奏

糾叅屬員請嚴議者

該部察議具奏

糾叅屬員無議處字樣者

該部察覈具奏

修理貢院

修先農壇

孤貧口粮

製造耕耤田器

文武鄉試用過錢粮

該部議奏

節孝請旌

該部知道

進春

舉行鄉試

進題名錄

揭曉　繙譯仝

筵宴

鄉試頭二三塲題目

耤稻恭納神倉

一産三男

預備繙譯鄉試事宜

内務府

知道了該衙門知道

註銷　無副本

依議

蠶宫絲斤交織造處

理藩院

依議

擬遣人犯議駁

郡王等子弟年及歲賞給臺吉銜

番僧進貢馬匹折價賞給

進貢馬匹香枝照例交各該衙門

請給親郡王冊封

偷竊人犯照例發遣

進貢番僧賞給緞疋

番僧輪班進貢
賞給年班來朝王公
臺吉傷死屬下議處
承襲臺吉塔布囊
各處承襲達爾漢字樣
承襲後請給誥封
承襲世職
遣官致祭

部本簽式卷四目錄

兵部

單簽說帖

雙簽說帖

刑部

單簽說帖

吏部單簽説帖

曾煥著改為補官日降三級留任韓崶著於補官日降一級留任

餘依議

大員改簽原票仍照本票

查本内議以補官日降三級調用之前任貴州巡撫曾煥係

屬大員是以 臣等照例不票雙簽理合聲明謹奏

方受疇著改為降一級留任免其革任註册額特布阮元琦善張

映漢周光裕俱著改為降一級留任玉輅著改為補官日降一級

留任景臨著改為補官日再降一級留任納福袁炳直吳慶（玥）慶錢

臻楊護俱著降一級留任伊什札木素著銷去紀錄四次常明著
銷去議敘加一級曹六興著銷去軍功加級仍給還軍功紀錄二
次俱免其降調韓文綺著銷去加一級免其降任餘依議
改簽原票革任降調
查本内議以革職之方受疇議以降一級調用之額特布阮
元琦善張映漢周光裕玉輅俱係大員議以降一級用之前
任浙江寗紹道景臨係毋庸查級議抵之案是以臣等照例
不票雙簽理合聲明謹奏
祝慶承著改為降三級留任其挪改檢舉日月之吳國鴻及請將

原詳塗銷之劉湣俱著照部議分别降調餘依議

改簽　祝慶承原案降調

查本内議以現任内降二級調用之直隸布政使祝慶承係屬大員兼係毋庸查級議抵之案議以降三級調用之前任廣西博白縣知縣吳國鴻議以補官日降二級用之前任廣西鬱林州直隸州知州劉湣俱係毋庸查級議抵之案是以

臣等不票雙簽理合聲明謹　奏

查本内議以補官日降一級用無級可降應行革職之前任山東巡撫令以三品京堂補用陳預係屬大員是以臣等不

稟雙簽理合聲明謹　奏

查本內議以降一級用之劉鐶之議以革任之任如淵俱係

大員是以　臣等不票雙簽理合聲明謹　奏

廣泰昌德康紹鏞俱著改為降二級留任

改簽　原票降調

查本內議以補官日降二級調用之欽差兩浙盐政候補郎

中廣泰議以現任內降二級調用之兩浙盐運使昌德安徽

俱係失察邪教毋庸查級議擬之案康紹鏞

巡撫康紹鏞兼係大員是以　臣等照例不票雙簽理合聲明

謹　奏

此案失察縣民傳習邪教之畢開煜著照部議降用餘依議

查本内議以銷去加一級仍以補官日降一級再降二級用之前任署江蘇江陰縣知縣畢開煜係失察奸民倡設邪教之案是以臣等不票雙簽理合聲明謹奏

此案於該管地方官匪犯結會失於查察之陳務本著照例議降調

查本内議以補官日降四級用之前任雲南寶寧縣知縣陳務本係失察奸民倡設邪教之案是以臣等不票雙簽理合聲明謹奏

吏部單議記帖　失察邪教

此案失察匪犯糾衆結盟叠次搶奪得贓不行查拏之王進祖著
照部議降調
　查本内議以補官日降二級用之王進祖係失察匪犯糾衆
結盟之案是以臣等不票雙簽理合聲明謹　奏
此案失察邪教之成汝緣著照部議於補官日降二級用餘依議
　查本内議以補官日降二級用之前署江蘇湖縣知縣成汝
緣係失察奸民倡設邪教之案是以臣等不票雙簽理合聲
明謹　奏
此案逆犯潛匿州境造播逆詞謀為不軌未經查拏之馬綦著照

部議革職註册餘依議

查明本内議以革職註册之前任安徽和州直隸州知州馬

蓁係失察叛逆不法之案情節較重是以臣等不票雙簽理

合聲明謹奏

此案四參限滿承緝不力之李成蹊著照部議降調

查本内議以降一級調用之江西石城縣知縣李成蹊係四

參限滿之案是以臣等照例不票雙簽理合聲明謹奏

此案於承緝賊犯四參限滿不護之錢豫豐著照部議革職餘依

議

查本内議以降一級調用因無級可降應行革職之廣東封
川縣知縣錢豫豐係四參限滿承緝不力之案是以臣等照
例不票雙簽理合聲明謹奏
此案承緝盜犯兩案俱四參限滿不獲之趙世箴著照部議降餘
依議
查本内議以降一級調用再降一級調用之河南夏邑縣知
縣趙世箴係四參緝不力之案是以臣等照例不票雙簽理
合聲明謹奏
此案於四參限滿不獲之金更生著照部議革職又一案著降一

級調用註册

此案金更生因有革留處分前四叅限滿不獲降一級調用無級可降改革職又一案四叅限滿部議降一級調用註册改作兩層票出

查本内議以無級可降應行革職又降一級調用註册之江蘇睢寧縣知縣金更生俱係四叅限滿之案是以臣等照例不票雙簽理合聲明謹　奏

此案詳報緩徵遲緩之張秉機著照部議降調餘依議

查本内議以降一級調用之安徽蕪湖縣知縣張秉機係奉

旨先行交部議處之案俱現在確查該員如有請飾揑混情弊

尚應叅奏是以　臣等不票雙簽理合聲明謹　奏

此案於審理事件並不即行詳辦以致釀成人命之徐照著照部

議於補官日降二級用餘依議

查本內議以銷去加一級仍降二級用之山東昭遠縣知縣

徐照係嚴加議處之案是以　臣等不票雙簽理合聲明謹

奏

或用交部嚴加字樣亦可

此案於檢驗屍傷任聽仵作誤報以致屍遭蒸之張文炳著照部

議於補官日降調餘依議

查本内議以補官日銷去加二級仍於補官日降一級用之
前任山東令張文炳係請
旨嚴加議處之案是以臣等不
票雙簽理合聲明謹
奏

此案審擬謬誤失出之沈南春著照部議革職

查本内議以革職之安徽壽州知州沈南春係請
旨嚴加
議處之案是以臣等不票雙簽理合聲明謹
奏

此案審理民詞任意偏斷釀成重案之蘇夢棠著照部議革職

查本内議以革職之浙江某縣知縣蘇夢棠係屬溺職之案
是以臣等不票雙簽理合聲明謹
奏

查本內議以革職之前署湖南華縣知縣劉遐齡係屬溺職
照例革職是以 臣等不票雙簽理合聲明謹 奏
此案於誤勘地界回護原斷有心固執之丁原鑾著照部議降調
餘依議
查本內議以降四級調用之安徽婺源縣知縣丁原鑾係屬
私罪是以 臣等不票雙簽理合聲明謹 奏
查本內議以開復仍於補官日降三級用之某縣知縣趙品
金係屬私罪是以 臣等不票雙簽理合聲明謹 奏
此案於凱旋兵丁帶來無依幼女抵債服役之趙爾金保著照部

議革職餘依議

内有驍騎校一併革職餘依議

說帖式同前　私罪

此案開復同知張鈞爲朱履中代墊銀兩以圖自免交代處分又

於捏造稟稱代易數字著照部議降調

査本内議以開復原官仍降三級調用之福建汀州府同知

張鈞係毋庸査級議抵之案是以臣等照例不票雙簽理合

聲明謹奏

此案於墊買倉穀短發價值之張學潮著照部議降調餘依議

說帖式同前

此案失察所屬之知縣侵盜錢粮之恒明著照部議降調餘依議

說帖式同前

此案於所屬辦理命案枉從不為究辦更正之倪文灊著照部議於補官日降一級調用

說帖式同前

查本內議以降四級調用之直隸天津縣知縣程正楷降三級調用之熱河道阿霖清河道彭應傑開州知州陳晉署蠡縣壽潤章試用知縣羅開桂俱係承問失入毋庸查級議抵之案是以臣等照例不票雙簽理合聲明謹　奏

查本内議以降一級調用之福建巡撫王紹蘭係屬大員臣等臣等照例不票雙簽其福建福州府海防同知徐汝蘭陞補泉州府知府閩縣知縣嚴尚焜陞補福州府海防同知之處俱經吏部照例議駁臣等查泉州府係請旨簡用之缺例不准在外陞用且徐汝蘭任内有革職留任之案又降職降級等項處分至一百餘案之多嚴尚焜降革等項處分亦有九十案是以雖據該督等專摺奏請未便票擬雙簽理合聲明伏候

欽定

查本内護理河南巡撫吴邦慶請以石城縣知縣張範東調

補商邱縣知縣吏部照例議駁臣查商邱縣係沿河要缺例
應會同河道總督揀選調補今張範東果否熟習河務之處
該護撫未經會同揀選是以雖據專摺奏請臣等不票雙簽
理合聲明謹　奏

查本內山東巡撫陳預請以歷城縣知縣戴屺陞補武定府
同知等因吏部照例議駁臣等查戴屺係親老告近例應停
其陞轉之員是以臣等不票雙簽理合聲明謹　奏

查本內議以降三級用之山東萊州府知府周林係於批交
命案違例濫委審訊是以臣等不票雙簽理合聲明謹　奏

查本内議以革職之署廣西太平府明江同知事試用同知
熊壎係濫差釀命之案是以臣等不票雙簽理合聲明謹
奏

此案濫批斃命之孫銓著照部議革職餘依議
說帖式同前　濫批斃命之案
此案於逆倫重案未能究出實情又不先行詳報之褚兆鰲著照
部議革職餘依議

查本内議以革職之前署湖北黄陂縣知縣褚兆鰲係於逆
倫重案不能究出實情經該督等奏稱實屬怠誤無能是以

臣等不票雙簽理合聲明謹奏

此案原驗不實以致失入徒罪之丁領著照部議降調餘依議

說帖式同前 失入之案

此案於人命重案被正兇糾衆攔阻檢驗以致屍身被殘復失察

差役賄和之張端本着照部議降調餘依議

查本内議以補官日降一級又再降二級用之前署廣西上

思州事候補通判張端本雖係級紀准抵之案惟於人命重

案被正兇率衆抗拒攔驗隨即轉回致屍身被殘復失察

差役說合屍親賄和情節較重是以臣等不票雙簽理合聲

明謹奏

不親詣驗

不親詣驗之案應出命盜案由

濫准革役復充等案說帖均同前

查本內議以革職之湖北應山縣知縣李景崑係挪改接收

前任徵存積欠銀兩應行監追之案是以臣等不票雙簽理

合聲明謹奏

查向來京員因公議處無票擬雙簽之例今此本內漏未銷

預印空白議以現任內降一級調用之兩浙盐運使扎隆阿

自咸豐九年起京員任内亦改票雙簽

二十五年六月二十八日吏部題疏失餉鞘之烏里雅台委

員戶部主事德克濟克革職本内不加張詢係京員不加說

帖只票依議單簽

查本内議以革職之雲南保山縣知縣王鳳儀查核子弟在

伊現任地方冒籍入伍不即舉發之案是以臣等不票雙簽

理合聲明謹奏

吏部雙簽說帖

依議

此案因失察縣民邀人結拜未經拏獲議以降一級調用之孔照
顯著該督撫出具考語送部引見再降諭旨餘依議

簽內只寫議以降調四字不必寫幾級　有總督巡撫之省
票該督撫有督無撫之省票該督有撫無督之省票該撫
兵部簽無再降諭旨四字
查本內議以銷去加一級仍降一級調用之廣西平樂縣知
縣孔照顯係級紀准抵之案是以　臣等照例票擬雙簽進

呈伏候
欽定
依議
此案因失察民人演習天主教議以降調之王鴻著該部帶領引
見再降諭旨餘依議
查本内議以補官日降一級調用之前任山東路城縣知縣
王鴻係級紀准抵之案是以臣等照例票擬雙簽進呈伏
候
欽定
依議
此案因失察書吏侵用賬款議以降級用之周之桂著該督撫出

具考語送部引見再降諭旨餘依議

說帖式同前

依議

此案因失察軍犯脫逃回籍行竊未能查拏議以補官日降一級

用之張崇型著該督撫出具考語送部引見再降諭旨餘依議

說帖式同前

依議

此案因失察差役淩逼釀命議以降調之張德聚著該督撫出具

考語送部引見再降旨餘依議

說帖式同前

依議

此案因失察民人習教未經挐議以革職之謝宣發著俟病痊赴
補之日該部帶領引見議以補官日降二級用之侯金誥該部帶
領引見再降諭旨餘依議

查本內議以補官日降二級用無級可抵應行革職之前任
山西隰州知州謝宣發議以補官日降二級調用之前任山
西臨縣知縣侯金誥俱係級紀准抵之案例要雙簽再查謝宣
發業經告病回籍侯金誥再部候選是以臣等於該二員分

別票擬雙簽進　呈伏候　欽定

依議

此案因失察該管典史得受銀兩不行揭報議以補官日降級用之周汝璡著該撫出具考語送部引見再降諭旨餘依議

說帖式同前

依議

此案因失察糧差私雕假印誆騙錢糧議以補官日降二級用之章如雲著該部出具考語送部引見再降諭旨議以補官日降一級用之陳傳霖著俟服闋之日赴部帶領引見再降諭旨餘依議

査本内議以補官日降二級用之前署山東章邱縣知縣章
如雲議以銷去加級仍於補官日降一級用之前署山東章
邱縣知縣陳傳霖俱係級紀准抵之案再査陳傳霖業經丁
憂是以臣等擬寫服闋之日赴部帶領引見簽進　呈伏候
欽定
依議
此案失察衙役滋事致釀人命議以降一級用之金德失察胥吏
舞文弄法議以降級用之恒慶保著該部帶領引見再降諭旨餘
依議

查本内議以降一級用之前署直隸赤峯縣知縣今陞盛京刑部員外郎金德議以降二級用之前署直隸理事通判管建昌縣今陞泰陵工部員外郎恒慶俱係級紀准抵之案是以臣等照例票擬雙簽進呈伏候欽定

依議

此案因屬交代逾限二叅不行揭報叅劾議以降調之馮輔周靄聯彭玉龍俱著該督撫出具考語送部引見再降諭旨議以補官日降級用之潘毓璇著俟補官引見之日該部將此案降級之處奏明請旨餘依議

查本内議以銷去加二級仍降一級調用之廣西天保縣知
縣馮輔左江道周靄聯南寧府知府彭玉龍議以銷去加一
級仍於補官日降二級用之前任潯州府潘毓璇已另案開
缺續經查銷在部候選是以臣等於該員擬寫於補官日奏
明請　旨字樣進　呈伏候　欽定

依議

此案因屬圖詐斃命並不親審復不察參議以降級用之吳楷著
該督撫出具考語送部引見再降諭旨餘依議

有補官日字樣須寫降○級有銷去加○級仍降○級須寫明

説帖式同前

依議

此案因詳審命案未能覈查議以降一級調用之馮宣和著俟前案引見之日該部將此案處分一併聲明請
旨餘依議

查本内議以補官日降一級用之湖北前署孝感縣知縣馮宣和係級紀准抵之例票雙簽再查該員另案開復原官經部議令該督撫出具考語送部引見奉
旨依議在案是以臣等擬寫俟前案引
見之日該部將此案處分一併聲明
請
旨簽進
呈伏候
欽定

依議

此案因詳報正兊不實議以革職之何蘭汀著俟服闋赴補之日該部帶領引見因將正兊放回議以降調之楊繼丁著該督撫出具考語送部引　見再降諭旨餘依議

查本内議以補官日降二級用因無級可抵應行革職之前署福建同安縣知縣何蘭汀議以銷去加一級調用之同安縣知縣楊繼丁俱係級紀准抵之案是以臣等於該二員照例分別票擬雙簽進　呈伏候　欽定

依議

此案於所屬接審命案逾違二叅未經揭報議以補官日降級用之薛凝度著俟病痊赴部之日該部帶領引見再降諭旨

查本内議以降三級用福建前署漳州府知府雲霄同知薛凝度係級紀准抵之案例票雙簽再查該員業經告病回籍調理是以臣等票寫俟病痊赴部之日該部帶領引見簽進呈合併聲明伏候欽定

依議

此案於失防一夜連劫議以補官日降一級用之江平著該撫出具考語送部引見再降諭旨依議

說帖式同前

依議

此案於地方詞訟違例批發議以補官日降級用之株樹雲著該

撫出具考語送部引見再降諭旨餘依議

說帖式同前

依議

此案率准盜犯作線未經申報議以降級用之陳廷達著該撫出

具考語送部引見再降諭旨餘依議

說帖式同前

依議

此案於二參督緝不力議以補官日降級用之秦永清著俟病痊赴部之日該部帶領引見再降諭旨餘依議

說帖式見前病痊帶見

依議

此案因良家婦女被搶三參承緝不力議以補官日降一級用之沈寶善著仍照前旨俟服闋引見之日該部將此一併聲明再降諭旨

查本内議以補官日降一級用廣東前任新會縣知縣沈寶

善係級紀准抵之案例票雙簽再查該員已另案革職開復
又經降調丁憂奉
旨俟服闋引
見之日再降諭旨欽
遵在案是以臣等票擬仍照前旨簽進
呈伏候
欽此

依議
此案因約束役首盜犯不嚴議以降二級調用註册之鍾師唐著
仍照前旨送部引見再降諭旨

查本内議以降二級用註册之前任福建詔安縣知縣調任
寗德縣鍾師唐係因公議處之案例票雙簽再該員另案降
革節經欽奉
諭旨送部引
見在案是以臣等擬寫照前

旨簽進　呈伏候　欽定

依議

此案因丁憂回旗起程逾限二月以上議以補官日降級用之姚

玉麟著俟服闋後應補之日該部帶領引見再降諭旨

旗員丁憂回旗寫應補不寫赴部說帖式見同前

依議

此案因造冊遲延議以補官日降四級用之胡培著俟服闋赴補

之日該部帶領引見再降諭旨

說帖式同前　再查該員現在丁憂

依議

此案於開報職名遲延三年以上議以補官日降用之張家幹俟

赴部之日該部帶領引見再降諭旨

查本内議以補官日降○級用之某省○縣知縣○○○係級

紀准抵之案例票雙簽再該員另案降調捐復原官續經丁

憂服滿是以臣等擬寫赴補之日該部帶領引見發進

呈伏候欽定

屠之申程國仁俱著銷去加一級免其降級長齡著罰俸一年餘

依議

屠之申程國仁俱銷去加一級免其降級長齡著罰俸一年其
因承審控案不能虛衷研鞫輒用刑求議以補官日降級用之吉
壽著該部帶領引見再降諭旨
査本內議以降○級用之○省○官○○○係級紀准抵之
案例票雙簽再査該員業經另案降調奉　旨留京以主
事用是以臣等擬寫該部帶領引　見簽進　呈伏候
欽定
邱樹棠著於現任內降一級調用餘依議
邱樹棠著於現任內降一級調用其因濫免粮米抵餽不行揭報

議以降級用之顧文光著該督撫出具考語送部引見再降諭旨

餘依議

查本內議以降一級調用之山西按察使邱樹棠係屬大員

向例不票雙簽其議以降○級用之江蘇試用通判顧文光

係級紀准抵之案是以臣等擬寫送部引見簽進

呈伏候

欽定

李賡芸著於現任內罰俸五年餘依議

李賡芸著於現任內罰俸五年其因開報遲延二年以上議以降

五級調用之案增壽遲延三年以上議以降十級調用註册之英

泰著仍照前旨送部引見再降諭旨

說帖式同前

馬惠裕著革職張映漢著降一級調用陳若霖著銷去軍功一級
免其降調仍給還軍功紀錄二次餘依議

馬惠裕著革職張映漢著降一級調用陳若霖著銷去軍功加一
級免其降調仍給還軍功紀錄二次其因朦捐官職之王樹勲在
湖北多年不行叅奏議以補官日降二級用之吳熊光著俟病痊
赴補之日該部帶領引見議以革任之素訥著該部帶領引見再
降諭旨餘依議

說帖式同前

依議

查本內議以降一級調用之山東高唐州知州九苞議以降
一級調之前任高唐州知州崔笏俱係級紀准抵之案例票
雙簽再查九苞係由知州緣事回旗改補工部主事陞任員
外郎已滿一年例由該堂官塡註考語咨送是以臣等票擬
該部帶領引
見簽其崔笏一員票擬該撫出具考語送部
引
見簽進
呈理合聲明謹
奏

依議

此案因失察逃兵未能查獲議以降級用之李騰補官日降級用之潦學緒俱著該督撫出具考語送部引見議以降級用註册之王衷補官日降級用之沈濟俟病痊之日著仍照前旨送部引見再降諭旨餘依議

查本内議以降一級調用註册之王衷議以補官日再降二降二級用之沈濟議以降一級調用之李騰議以補官日降一級用之潦學緒俱係前署廣東連州知州任内因公議處之案例票簽進　呈伏候　欽定再查王衷沈濟二員案内業經另案革職降調俱奉　旨送部引　見欽遵在案又

經患病調理是以臣等於第二簽內添寫俟病痊之日仍照
前旨送部引　見字樣理合聲明謹　奏
依議
此案於失察夥販婦女未能查拏議以降級用之椿齡著仍照前
旨送部引見再降諭旨餘依議
說帖式同前
依議
此案因赴任違限五月以上議以銷去加一級仍降一級調用之
湯世鏞半年以上議以銷去加一級仍降二級調用之何鍾秀俱

著該督撫出具考語送部引見再降諭旨餘依議

查本内議以銷去加一級仍降一級調用之湖北武昌通判湯世鏞議以銷去加一級仍降二級調用之湖南寶慶府同知何鍾秀係屬公罪臣等照例票寫雙簽惟咸豐十年二月十四日奉硃批凡違限四月以上係屬軍務省分著吏部於本内聲明並著内閣於揭帖内聲叙候朕臨時酌奪欽此今該員等係選授軍務省分人員合併聲明伏候

欽定

阿林保著於現任内降一級留任餘依議

阿林保著於現任内降一級留任其因失察屬員挪移庫項議以
革職之周兆蘭趙德潤俱著該員調取引見再降諭旨餘依議
查本内議以革職之前署南寧府事寧都州知州周兆蘭前
任南寧府知府趙德潤俱係因公議處之案例應雙簽再查
周兆蘭業經另案降調趙德潤業已捐陞道員離任是以臣
等於該二員俱擬寫該部調取引見簽進呈合併聲明
伏候欽定
王紹蘭著降一級調用餘依議
王紹蘭著降一級調用此案於捐納通判丁念祖身家不清不行

查明濫給赴選文結議以革職之沈培元著該督撫出具考語送
部引見再降諭旨餘依議
查本內議以革職之前任晉江縣知縣沈培元係屬公罪例
票雙簽再本內議以降一級調用之福建巡撫王紹蘭係屬
大員不票雙簽理合聲明謹奏
李賡芸著於現任內罰俸一年六個月再罰俸九年餘依議
李賡芸著於現任內罰俸一年六個月再罰俸九年其因開報職
名遲延二年以上議以革職仍降十三級調用之裘增壽著俟病
痊赴補之日該部帶領引見再降諭旨
說帖式見前

依議

此案因繳照逾限一年以上議以革職之趙侍貞著該督撫出具考語送部引見再降諭旨

說帖式見前

依議

此案因繳照逾限四月以上議以補官日降一級用之黎永贊著該督撫出具考語送部引見再降諭旨餘依議

說帖式見前

常明著罰俸九個月賽常阿著銷去軍功紀錄一次給還尋常紀

錄一次其前議罰俸三個月之處著註於紀錄抵銷餘依議袁鳳
孫准其陞補叙邊廳通判所有常明賽常阿等應得處分俱著加
恩寬免
查向來外省違例陞調官員其專摺奏請者部覆上時　臣等
酌票雙簽令此本内四川總督常明等請以南宫縣知縣袁
鳳孫陞補叙邊廳通判吏部照例議駁　臣等查地接夷疆漢
番雜處且該員係卓異應陞人員既經該督等聲明人地相
需專摺奏請是以票擬雙簽進呈伏候欽定
依議

于卿保准其署理兖州府泇河同知
查向來外省違例陞補官員其專摺奏請者部覆上時臣等
酌票雙簽今此本内河東總督吳璥等請以試用同知于卿
保署理兖州府泇河同知吏部照例議駁臣等查專摺奏請
之件既經該督聲明人地相需是以票擬雙簽進呈伏候
欽定
那彥成著罰俸九個月餘依議
陳晉准其調補饒陽縣知縣王子音准其調補隆平縣知縣所有
那彥成應得處分著加恩寛免

查向來外省違例陞調官員其專摺奏請者部覆上時臣等
酌票雙簽令此本內直隸總督那彥成請以饒陽縣知縣王
子音與隆平縣知縣陳晉對調吏部照例議駁臣等查饒陽
縣係煩疲難中缺隆平縣係簡缺既經該督奏請聲明一轉
移間兩有裨益是以票擬雙簽進呈伏候欽定
常明著罰俸九箇月餘依議
葉文馥准其調補成都府知府所遺雅州府知府員缺即著韓清
補授所有常明應得處分著加恩寬免
查向來外省違例陞調官員其專摺奏請者部覆上時臣等

酌票雙簽今此本內四川總督常明請以雅州府知府葉文
馥調補成都府知府吏部照例議駁臣等查城都府係省會
要缺韓清係奉
旨應補成都府遺缺既據該督專摺奏
請是以臣等票擬雙簽進
呈伏候
欽定

依議
李鈴准其調補盧龍縣知縣辛文沚准其調內邱縣知縣所有違
例申詳之藩臬兩司等應得處分俱著加恩寬免

查向來外省違例陞調官員其專摺奏請者部覆上時臣等
酌票雙簽今此本內前任直隸總督那彥成請以內邱縣知

縣李鈴盧龍縣知縣辛文沚互相對調吏部照例議駁臣等
查盧龍縣於生春間該督改為兼河要缺既據聲明初任人
員於改繁缺不甚相宜揀員對調自為人地實在相需起見
是以臣等票擬雙簽進呈伏候欽定
巴哈布著罰俸一年馬惠裕著罰俸九箇月餘依議宋星煒准其
陞補麻陽縣知縣所有巴哈布馬惠裕應得處分俱著加恩寬免
查向來外省違例陞調官員其專摺奏請者部覆上時臣等
酌票雙簽今此本内湖南芷江縣縣丞宋星煒經前撫臣廣
厚題請陞補麻陽縣吏部照例議駁茲復據該撫巴哈布等

違例陞諳專摺

奏稱麻陽縣缺界連黔省俗悍民刁仍請以宋星煒陞補吏
部復行議駁臣等查該員本係薦舉應陞人員抵與陞補新
例稍有未符既據該撫等聲明要缺需人專補摺奏請是以臣
等票擬雙簽進呈伏候
欽定
查外省違例陞署人員其專摺奏請者部覆上時臣等酌票
雙簽今此本內某省○官○○○經該撫請陞署○缺吏部
照例議駁臣等查該員上年投効滑縣軍營之員既據該撫
專摺奏請是以臣等票擬雙簽進呈伏候
欽定
吏部叅簽帖附

依議

慶保翁元圻俱著革職海齡著銷去加一級仍降四級調用巴哈

布著開缺不准留軍營効力其濫舉貪員之鄭鵬程著照部議降

調餘依議

慶保翁元圻俱著革職海齡著銷去加一級仍降四級調用巴哈

布著暫停開缺留軍營効力其濫舉貪員之鄭鵬程著照部議降

調餘依議

此案奉

旨照第二簽下上三員俱改留任

查本内議以革職之湖廣総督慶保湖南布政使翁元圻議

吏部雙簽說帖

違例陞調事摺

以銷去加一級仍降四級調用之湖南按察使海齡俱係大員照例不票雙簽議以銷去加三級仍降二級調用之常德府知府鄭鵬程雖係級紀准抵之案第將得受贓銀之屬員保剔卓異實屬濫舉是以臣等不票雙簽至巴哈布一員係照本票擬叅簽進呈伏候欽定

戶部單簽說帖

依議

二十五年進此本内已將奉　旨敘明只票依議單簽不加
說帖矣
查歷年索倫進到貂皮不及等第之處部議毋庸賞給臣等
向票依議及減半賞給雙簽嘉慶二十三年十一月初六日
奉　旨此次貂皮足數者免其處分不及等第者毋庸減半
賞給等因欽此欽遵在案今此本内索倫等所進貂皮雖已
足數仍不及等第是以臣等只票依議單簽　呈伏候

戶部單簽說帖

欽定

依議　此舊式雙簽

今年進到貂皮雖不及等第但既已足數著減半賞給

查歷年索倫等進到貂皮不及等第之處部議毋庸賞給俱

奉

恩旨今年進到貂皮雖不及等第但既已足數著減半賞給欽此欽遵在案今既據戶部夾片聲明前

來是以臣等擬寫依議及減半賞給簽進

呈伏候

欽定

此案於造册不分晰明白議以降調之李天錫著暫免開缺俟事

竣後該堂官出具考語送部引見再降諭旨

查本內議以降一級調用之山東鉅野縣知縣李天錫係級紀准抵之案該員現經派往軍營差委應准照例帶所降之級暫免開缺俟事竣後該管官出具考語送部引　見請
旨是以臣等照擬票簽進　呈理合聲明伏候　欽定

戶部雙簽說帖

王輅著於現任內罰俸半年餘依議

王輅著於現任內罰俸半年其因督催錢糧原欠三分以上限內不及全完議以補官日降五級用之王棵著仍照前旨俟病痊赴補之日該部帶領引見再降諭旨餘依議

查本內議以補官日降五級用之前任江西贛州府告病知府王棵係級紀准抵之案例票雙簽再查該員業經告病調理另案降調欽奉諭旨俟病痊赴補之日該部帶領引見欽遵在案是以臣等票擬仍照前旨簽進呈伏候

欽定
姚祖同方受疇俱著於現任內罰俸一年餘依議
姚祖同方受疇俱著於現任內罰俸一年其因地丁經徵銀兩原
欠三分以上限內不全完議以補官日降級用之姚杰著俟病痊
赴補之日該部帶領引見再降諭旨餘依議
查本內議以補官日降三級用之前任河南温縣知縣姚杰
係級紀准抵之案例票雙簽再查該員業經告病回籍是以
臣等擬寫俟病痊之日該部帶領引見簽進呈合併聲
明伏候欽定

戶部雙簽說帖

依議
此案因接徵地丁錢糧原欠不及一分三參不全議以降調註册
之楊謙著仍照前旨送部引見再降諭旨餘依議
查本内議以降級調用之前任浙江桐盧縣知縣楊謙係因
公議處之案例票雙簽再查該員另案革職業經欽奉
諭旨送部引見在案是以臣等擬寫仍照前旨簽進呈伏候
欽定
依議
此案因經徵錢糧原欠一分以上年限内不全完議以革職之涂

晋侯服闋赴補之日該部將全案處分一併聲明帶領引見再降
諭旨餘依議

查本內議以革職之廣西前任河源縣知縣涂晋係因公議
處之案例罣雙簽再查該員業經另案降調奉
旨送部引
見旋經丁憂是以臣等擬寫俟服滿赴補之日該部將前案聲
明帶領引
見簽進
呈理合聲明伏候
欽定

依議

此案於因經徵錢糧初參未完八分以上議以革職之蘇鳌著俟
服闋赴補之日該部帶領引見再降諭旨餘依議

戶部雙簽說帖

查本內議以革職之前任浙江長興縣知縣蘇鏊係因公議
處之案例票雙簽再查該員現在丁憂是以臣等擬寫俟服
闋赴補之日該部帶領引見簽進呈合併聲明伏候
欽定
依議
此案因經徵旗稅原欠一分以上暨不及一分叅限內不全完議
以降調之李鏡瀛呂嘉端黃開泰俱著該督出具考語送部引見
再降諭旨餘依議
同治四年五月進　本李鏡瀛係三叅有一分以上者有不

一分者或三叅限滿或三叅限滿共降六級呂嘉端黄開泰
俱不及一分三叅限滿或降一級或降二級黄多一案分票
泰釐酌擬此叅
其說帖式同前

依議
此案因銷引欠六分以上議以降三級調用之胡世琦著該督撫
出具考語送部引見再降諭旨餘依議
查本内議以降三級用之山東曹縣胡世琦係因公議處之
案是以臣等照例票擬雙簽進呈伏候欽定

依議

此案因接徵地丁銀兩原欠四分以上限内不全完議以革職註冊之施宗魯著仍照前旨送部引見再降諭旨餘依議

說帖式同前

依議

此案因經徵漕項錢粮未完九分以上議以革職之周力田著俟病痊赴補之日該部帶領引見再降諭旨餘依議

說帖式同前

依議

此案於經徵餘祖銀兩未完九分以上議以革職之周力田著仍
照前旨俟病痊赴補之日該部帶領引見再降諭旨餘依議

查本內議以革職之前任江西饒縣知縣周力田因公議處
之案例無雙簽再查該員業經告病又經另案革職奉　旨
著俟病痊赴補之日該部帶領引見欽此欽遵在案是以
臣等擬寫仍照簽進　呈伏候　欽定

依議

此案因經徵丁安家銀兩未完六分以上議以每案實降二級調
用之胡魁英著該督撫出具考語送部引見餘依議

說帖式同前

禮部單簽說帖

趙氏著加恩賞給上用緞一疋銀十兩餘依議

年逾百齡

一百一歲至一百十歲緞一疋銀十兩一百十一歲至一百

二十歲緞二疋銀二十兩以上遞加

查本内壽婦趙氏現年一百一歲除禮部已照例於本内聲

請給銀建坊外臣等謹擬一百一歲以上之例擬寫著加恩

賞給上用緞一疋銀十兩簽進

呈理合聲明謹

奏

趙聖飛著再加恩賞給上用緞一疋銀十兩餘依議

禮部單簽說帖

年逾百齡五世同堂　年屆百齡五世同堂者亦照此票說
帖內遵字改援字
查本內趙聖飛現年一百二歲又係五世同堂除禮部將例
給銀緞於本內聲請支領外臣等謹遵一百一歲以上之例
擬寫著再加恩賞給上用緞一疋銀十兩簽進　呈理合聲
明謹奏
○○○著加恩賞給上用緞一疋銀十兩
○○○著再加恩賞給上用緞一疋銀十兩餘依議
此係二人年逾百齡一年逾百齡五世同堂

查定例一百一歲至一百十歲者加恩賞給上用緞一疋銀
十兩其年逾百齡五世同堂者於禮部請給恩賞銀緞外
再加恩賞給上用緞一疋銀十兩節經遵行在案今此本
内○○○現年一百一歲○○○現年一百歲五世同堂是以臣
等分別票簽進呈理合聲明謹奏
鄒銑○氏俱著加恩賞給上用緞一疋銀十兩餘依議夫婦同登
百齡
查本内欽賜檢討鄒銑夫婦同登百齡除禮部照例給與
建坊銀兩外臣等謹遵一百歲以上之例擬寫俱著加恩賞

禮部單簽說帖

給上用緞一疋銀十兩齡進　呈理合聲明謹奏 簽

凡三品以上大員之父母妻室未屆百齡五世同堂者本內

應令該督撫照例賞給銀緞外應請○旨加賞緞一疋銀十

兩其匾額字樣行文內閣另行撰擬只票依議單簽

二十四年六月初七日進萬承風之母余氏一本

二十五年六月進布政使李長森之母一本

乾隆元年題覆湖北江夏縣壽民湯雲山一本年屆一百三

十一歲奉○○旨著加賞上用緞四疋銀四十兩十一年又題

湯雲山年屆一百四十一歲奉○○旨賞給上用緞五疋銀五

十兩再加一恩特賜匾額以旌人瑞欽此遵　旨由内閣撰

擬再閱古稀四字頒賜以上見會典

兵部單簽說帖

此案畢萬青於佈彥圖等商放塩船並不力阻庫保於塩梟入境並不親往擒拏俱著照部議降調

查本內議以降○級用之山西河保營守備畢萬青議以降○級調用之保德營都司庫保俱毋庸查級議抵之案是以臣等照例不票雙簽理合聲明謹奏

此案違例擅行坐轎之張代鳳著照部議革職餘依議

查本內議以革職之湖南護理沅州協副將鎮箄鎮標右營遊擊張代鳳係武職違例擅行坐轎是以臣等照例不票雙

簽理合聲明謹　奏

此案前任陝西河州鎮總兵富明阿於所屬劣員侵帑虛兵等款不行揭報著照部議於病痊之日降級補用餘依議

本內無補官日字樣故不票於補官日降級用其說帖式同前

此案於凱旋兵丁帶來無依幼女抵債服役之薩爾金保著照部部議革職餘依議

說帖式見吏部

此案因借貸銀兩私用圖記之圖克濟扎布著照部議（革職）餘依議

本內有察哈爾總管翼領臺吉等罰俸及本人罰俸之案俱

兵部單簽說帖

歸餘依議其說帖式同前

徐焜著罰俸一年其馭下失宜辦事浮躁之陳夢熊著照部議降

調

查本内議以降一級調用之直隸提標中軍叅將陳夢熊係

毋庸查級議抵之案是以臣等照例不票雙簽理合聲明謹

奏

此案於朦混冒支俸銀之德倫著照部議革職餘依議

查本内議以革職之捐陞通判吏部筆帖式德倫係屬私罪

是以臣等照例不票雙簽理合聲明謹

奏

餘簽支說帖均與吏部同

兵部雙簽說帖

依議

此案因失察兵丁為盜議以革職之魏國桂著該督出具考語送

部引

見餘依議

查本内議以革職之前任直隸拱極營千総今陞湖南督標

中軍叅將魏國桂係屬公罪是以臣等照例票擬雙簽進

呈伏候

欽定

依議

兵部雙簽說帖

此案因失察私梟拒捕二叅限滿未獲議以降調之福甯阿著該
撫出具考語送部引見餘依議
查本內議以降二級調用之山東沂州協副將福甯阿係級
紀准抵之案是以臣等照例票擬雙簽進呈伏候
欽定
依議
此案因失察匪犯私鑄汎兵分贓議以降調之雷鳳山著該督出
具考語送部引見餘依議
說帖式同前

依議

此案因緝拏盜犯三叅限滿無獲議以降調之劉定國著該督撫出具考語送部引見餘依議

說帖式同前

王應鳳著於現任内罰俸一年餘依議

王應鳳著於現任内罰俸一年其因造報錢糧册籍違限一年以上議以現任内降調之黄廷榮張天仲王萬齡俱著各該督出具考語送部引見餘依議

查本内議以現任内降二級調用之江西撫標右營遊擊黄

廷榮陝西商州營遊擊張天仲廣東高州鎮標右營都司王

萬齡俱係級紀准抵之案是以臣等照例票擬雙簽進呈

伏候

欽定

陳桂生著罰俸一年餘依議

陳桂生既經查出自行檢舉從寬免其罰俸其因失察匪犯私鑄

議以降調之保常清著該督出具考語送部引見餘依議

說帖式同前

依議

此案因隨同訊鞫失於覺察議以降調之珠隆阿著該管大臣出

具考語送部引見餘依議

道光五年三月二十七日本內駐防之甘肅都司馬相一員
降一級調用因尚未差滿聲明暫停開缺俟事竣之日令該
管大臣出具考語送部引　見是以未經出名歸入餘依議
古城佐領珠陞阿同案被議降調該員烏什駐防差滿照例
票擬雙簽　說帖同前
○○○著降一級留任
○○○著銷去紀錄一次仍罰俸六個月
○○○著降一級留任

兵部雙簽說帖

○○○著銷去紀錄一次仍罰俸六個月

○○○著銷去紀錄四次免其罰俸其因承放叅票短放五分以上

議以降級之圖漢德著該將軍出具考語送部引見餘依議

說帖式同前其餘雙簽說帖與吏部相同

刑部單簽說帖

○○○著監禁待質其前任龍溪縣知縣姚瑩於强盜殺人重案因
事主呈報內挾嫌糾衆乘勢搶奪之詞僅止詣驗屍身以仇殺通
報並未會營獲勘失物情形著照部議革職餘依議

查本內議以革職之前任福建龍溪縣知縣今陞沙川同知
姚瑩係照諱盜爲竊之例是以臣等不票雙簽理合聲明謹
奏

周任依議應絞著監候秋後處決知縣盛黨輕聽一面之詞輒將
無辜杖斃著即照部議革職署知縣張熙賡於易結之事不即集

刑部單簽說帖

訊以致釀成命案著照部議降二級用餘依議
查本内議以革職之○○○縣知縣盛崇議以補官日降二級
用之前署○○縣事試用知縣張熙曆俱事關人命情節較
重是以臣等不票雙簽理合聲明謹奏
楊繼新著即處斬
查向例罪干立決而情節可矜之案臣等擬寫雙簽仰蒙
聖慈量予末減歷經遵照在案今此本内直隸省民人楊維新因
一時瘋病發黒暗中砍傷其母劉氏刑部定擬斬決並以倫
紀攸關將該督聲明情堪矜憫之處毋庸議等因具題臣

等詳閱劉氏供稱守寡二十餘年止有一子平日最是孝順靠着養活若問了罪就該餓死等語覈以衆証情節實屬可矜該犯砍傷親母與別項服制不同可否寬其一線出自
皇上天恩非臣等所敢輕議是以祇票寫斬決一簽進
呈理合
聲明謹
奏

劉
著即處斬
因瘋傷死伊母吳氏刑部以倫紀攸關其情節堪憫之處毋庸議票單簽加說帖

阮勝才著即處斬

刑部單簽說帖

查本內阮勝才戳傷胞兄阮興才身死一案前經刑部駁令該撫確訊妥擬具題在案茲據該撫以阮勝才究非逞兇疊戳仍照原擬問擬斬決聲明並非有心干犯具題刑部以該犯執刀掙奪戳劃致三傷之多不得謂始終均屬無心且左膁肋深至骨損左乳深至透內係為極重之傷未便再行往返駁詰致蔑倫兇狠之犯大稽顯戮並援引本年四月初二日欽奉

諭旨將該犯即按律問擬斬決所有該撫聲明並非有心干犯之處應毋庸議是以臣等照擬祇票斬決一簽進

呈理合聲明謹

奏

此案罪應斬決之沈三著俟另案解審明確再行覈辦餘依議

五年五月二十四日進山東司盗犯沈三一本

楊氏著照例減等收贖餘依議

查本内楊氏被夫兄唐有銘摟住强欲行姦登時戳傷唐有

銘身死刑部將楊氏問擬斬候聲明激於義忿請　旨減等

收贖　臣等核其情節死者强姦弟妻本屬亂倫傷紀該氏情

急登時用刀將其戳斃與隨案准減之例相符是以　臣等祇

票減等收贖一簽進　呈理合聲明謹　奏

拒姦傷死夫兄隨案減流故票單簽

井發依擬改爲杖流餘依

　査本内井發救護父母戳傷胞兄井大身死一案緣井大酗
酒淫蕩忿詈父母持刀逞兇旣推跌其父又奔撲其母該犯
情急救親奪刀攙阻致戳傷伊兄身死該府尹以服制攸關
問擬斬決聲明並非無故逞兇犯刑部援照王仲貴致斃胞
兄王仲香之例欽遵　諭旨改爲杖一百流三千里臣等核
情節死者種種蔑倫罪且應死該犯尚非逞兇干犯與王仲
貴案情相符是以照擬票簽進　呈伏候　欽定

覃梓楨著從寬免死照例枷責准留養親餘依議

查本内覃梓榠毆傷窃吳老么殞命刑部將覃梓榠擬絞請

留養親　臣等核其情節該犯擅殺情輕秋審時應入可矜既

據該犯聲明父母均年逾七旬家無次丁與隨案聲請之例

相符自應准其留養是以祇票留養一簽進　呈伏候

欽定

如本内有減流一層須於照例下添減等二字

凡留養各犯其已入緩決本内無　恩准等字者票依議其

隨本聲應入可矜人犯准留養而本内無　恩准等字者票

出名留養單簽不加說帖其有蒙　俞允等字票單簽加說

帖其已入緩決又有如蒙　恩准等字亦票出名单簽不加
說帖秋審緩決一次例應減等須照本票出
羅盛著從寬免死照例枷責准留養親餘依議
查本内羅盛誤傷王氏一案刑部將羅盛擬絞請留養親　臣
等核其情節該犯擅殺情輕秋審時應入可矜既據聲明該犯之
母年逾七十家無次丁與隨案聲請之例相符自應准其留
養是以祇票留養一簽進　呈理合聲明謹　奏
凡隨本聲請留養已定罪名者加說帖若未定罪名無如蒙
俞允字樣祇票依議若已入秋審可矜人犯非隨本聲請者去

從寬免死四字不加說帖

李泳得著從寬免死照例枷責准留養親餘依議

查本內李泳得李泳泰之妻馮氏與李邦長通姦聽從本夫
同經捉拏不知李泳泰之繼母孟氏亦與李邦長姦宿亦身
走出疑係李邦長逃逸用鍾毆傷孟氏身死刑部將李泳得
擬絞請留養親臣等核其情節該犯誤殺情輕秋審時例准
減等既據聲明該犯之母年逾七十家無次丁與隨時查辦
之例相符自應准其留養是以祇票留養一簽進呈理合
聲明謹奏

刑部單簽説帖

黃潮榮著從寬免死照例枷責准留養親餘依議

査本内黃潮榮毆傷劉廷揚身死刑部將黃潮榮擬絞請留養親　臣等核其情節該犯因劉廷揚姦拐其女將其毆傷身死係擅殺情輕秋審時應入可矜之案既據該撫聲明該犯之母年逾八十家無次丁與隨案聲請之例相符自應准其留養是以祇票留養一簽進

呈理合聲明謹奏

何騰蛟著從寬免死照例枷責准留養親餘依議

査本内何騰蛟因毆傷無名竊賊身死刑部將何騰蛟擬絞候聲請留養　臣等核其情節該犯擅殺拒捕傷罪人秋審時

應入可矜既據聲該犯父年已七十家無次丁與隨案聲請
之例相符是以祇票留養一簽進　呈理合聲明謹　奏
孟倫著從寬免死照例枷責准留養親餘依議
查本內孟倫與齊氏爭毆誤傷孟克寬身死刑部將孟倫問
擬絞候聲明該犯之父孟克恭年已八十家無次丁照例聲
請留養臣等核其情節誤傷情輕與秋審時例准減等與隨
案聲請之例相符自應准其留養是以祇票留養一簽進
呈理合聲明謹　奏

楊其申著從寬免死照例枷責准其承祀餘依議

刑部單簽說帖

查本内楊其申因向續顯發索欠爭毆誤傷伊妻陳氏身死刑部將楊其申擬絞聲明承祀　臣等核其情節係秋審緩決一次例准減等之犯既據聲明該犯父故母嫁並無兄弟亦未生子與隨案聲請之例相符自應准其承祀是以祇票承祀一簽進
呈理合聲明謹
奏

雷以騰著從寬免死照例枷責准其承祀

查本内雷以騰毆傷何氏一案該撫原擬絞候兹照部駁隨案聲請承祀刑部核與成案相符請
旨准其承祀　臣等核其情節該犯致死違犯教令之妻秋審時應入可矜既據

查明家無次丁與隨案聲請之例相符是以祇票承祀一簽
進　呈合併聲明謹　奏
徐祥著從寬免死照例枷責准其承祀餘依議
查本內徐祥毆傷伊妻趙氏身死刑部將徐祥問擬絞候聲
請承祀　臣等核其情節死係不孝有據之妻秋審應入可矜
既據查明該犯之母現已六旬家無次丁與隨案聲請之例
相符是以祇票承祀一簽進　呈合併聲明謹　奏
部駁甚是依議
查刑部駁審本章　臣等向票依議及部駁甚是並照擬完結

刑部單簽說帖

三叅今此本內雒可策因索欠商令伊妻白氏前往向雒人龍拚命用小刀抹傷伊妻身死該督將雒可策問擬絞候刑部以該犯如但欲伊妻傷殘圖賴隨處皆可輕為劃傷豈不知咽喉為致命之區乃始則令伊妻自行抹脖繼復接刀抹其咽喉深至七分其為故殺圖賴已可概見且時至二鼓既思前往拚命並不打門吵嚷於黑暗中伊妻抹傷倒地旋即逃跑顯係有心致死駁令委員研訊妥擬具奏臣等詳核該督所題案情未為確鑿是以祇票部駁甚是一簽進

呈理合聲明謹

奏

此案著該督再行妥擬具題

○部駁後該省仍照原擬題覆再駁式○此種單簽不加說

帖

此案著該督另行按律妥擬具題

該督另行按律妥擬照本票簽

傷死○○之○○減流行令仍照前駁妥擬具題再議

光道二十年七月初五日進四川一本

此案著該撫查照刑部指駁各情節提犯詳細研鞫究明馬幗訓

等是否因鬭而搶按律妥擬具題不得舍律引案致違定例

刑部單簽說帖

道光十五年五月二十日進

刑部按律酌改案應照改擬票簽

查本内詹清疑賊將馬正扎傷身死該撫援引秦連沅之案

擬將詹清減流援　赦減徒刑部議以兇手雖事出有因而

死者實係無辜平民未便竟無抵命之人歷來俱照鬭殺定

擬並經駁正有案改擬絞候臣等查係刑部按律酌改之案

與駁審不同是以照改擬簽進　呈理合聲明謹　奏

部本簽式卷五目録

刑部

雙簽說帖

刑部雙簽說帖

胡三友議擬應絞着監候秋後處決餘依議

胡三友議擬應絞着監候秋後處決其因相驗不實議以降調之俞昌言着該督撫出具考語送部引見再降諭旨餘依議

查本内議以降一級調用之江西義寧州知州俞昌言係級紀准抵之案是以臣等照例票擬雙簽進呈伏候

欽定

李庭魁依擬應絞着監候秋後處決餘依議

李庭魁依擬應絞着監候秋後處決其因失察衙役滋事釀命議

刑雙說帖

部駁

以降調之劉時靖着該督撫出具考語送部引見再降諭旨餘依

議

查本内議以降一級調用之甘肅隴西縣知縣劉時靖係因

公議處之案是以臣等照例票擬雙簽進呈伏候

欽定

依議

部駁甚是依議

查刑部駁審本章臣等向票依議及部駁甚是並依議完結

三簽今此本内郜祥致死弟婦許氏一案該將軍將郜祥依

律問擬絞候刑部依議許氏並無實在刁淫潑悍情形乃部
祥於九日間連毆六次燙烙戳扎無所不至許氏徧體鱗傷
至於骨損若非有心磨折致死何至如是之傷多且重且許
氏年甫二十難保非別有暗昧不明之端駁令遴員研訊明
確妥擬具題到日再議臣等核其情節以夫兄管教弟妻如
此兇忍殊非情理案關斬絞出入未便遽照該將軍所擬完
結是以祇票依議及部駁甚是依議雙簽進　呈伏候
欽定
查刑部駁審本章臣等向票依議及部駁甚是並依議完結

刑雙說帖

部駁

三簽今此本内梁氏戳傷劉六身死該撫以擅殺律擬絞一案刑部以擅殺罪人係專主姦盜而言此案劉六與未婚妻吳氏私通既與平人犯姦者不同即梁氏羞忿自盡亦不得治劉六以因姦釀命之罪是劉六非犯姦罪人梁氏自不應擅殺律定擬駁令詳核妥擬具題臣等核其情節未便遽照該撫所擬完結是以祗票依議及部駁甚是依議雙簽進呈伏候　欽定

○○○依擬應絞着監候秋後處決餘依議

○○○依擬應絞着監候秋後處決○○一犯部駁甚是餘依議

查刑部駁審本章 臣等向票依議及部駁甚是並依議完結
三簽今此本内秦老二秦老三戳傷黄志騰黄大生各身死
一案該撫將秦老二擬擅殺律秦老三依鬬殺律均問擬絞
候刑部議以黄志騰誘拐秦老三之妻鍾氏嫁賣本屬罪人
老二幫同伊弟秦老三往捕黄志騰持刀拒捕將秦老二額
顱劃傷秦老二奪刀回戳一傷適斃與罪人持杖拒捕格殺
勿論之律相符該撫將擅殺罪人例擬以繯首引斷懸殊駁
令另擬再議 臣等核其情節以律應無罪之人擬絞生死出
入太屬懸殊未便如該撫所擬完結除傷死黄大生之秦老

刑雙簽式

部駁

三照擬票簽外於秦老二一犯擬寫部駁甚是簽進　呈伏
候　欽定
查刑部駁審本章臣等向票依議及部駁甚是並依議完結
三簽今此本內曹振清主使曹成誣指丁小運行竊妄拿索
詐致李氏自縊身死一案該撫將曹振清擬絞曹成等擬以
杖流等因刑部以曹振清誣竊逼斃人命問擬絞候罪名固
無關出入而曹成聽從捉拏罪不宜杖流曹建如果夥同誣
竊亦不止於杖責案多疑竇罪名輕重攸関駁令研鞫妥擬
具題臣等核此案誣竊逼斃人命首夥各犯並說合說賄和

之人俱係在官人役未便僅據供詞草率定擬完結是以祗
票依議及部駁甚是依議雙簽進、呈伏候　欽定

汪旺淋着即處斬餘依議
汪旺淋着即處斬春芽一犯部駁甚是餘依議

查刑部駁審本章臣等向票依議及部駁甚是並依議完結
三簽今此案內安徽民人汪旺淋因與緦麻服叔汪德祥之
婢女春芽通姦謀殺死汪德祥一案該撫將汪旺淋問擬斬
決春芽比照子孫犯姦祖父母被人謀殺例絞決刑部議以
春芽係汪德祥婢女因與汪旺淋通姦致汪德祥被汪旺淋

部駁

刑價說帖

殺死律內並無奴婢犯姦致家長被人謀殺與子孫同科明

文且奴婢與子孫名義雖同而出身微賤究與子孫之虧體辱

親有間衡情核斷應酌量減等駁令另行妥擬具題臣等核

其情節案關生死出入未便如該撫所擬完結除汪旺淋照

擬票簽外於春芽一犯擬寫部駁甚是簽進　呈伏候

欽定

尋虎溪黃新桂俱依擬應絞着監候秋後處決餘依議

尋虎溪依擬應絞着監候秋後處決黃新桂戳傷尋榮鑑至保辜

限外身死着從寬免死照例減等發落餘依議

查本内黄新桂戳傷尋榮鑑越二十七日身死刑部將黄新
桂問擬絞候聲明保辜限外減流請
旨臣等核與歷辦成案相符是以票擬雙簽進呈伏候
欽定
王起隴着即處絞餘依議
王起隴改為應絞着監候秋後處决餘依議
毆死王瑞開王瑞庫一家二命王瑞庫保辜限外身死聲
明請
旨說帖式照本票與前畧同

刑隻說帖

馬金賢依擬應絞著監候秋後處決餘依議

馬金賢因姦致易氏被本夫周正榮砍傷至保辜限外身死着從
寬免死照例減等發落餘依議

查本內馬金賢因與易氏通姦致易氏被本夫周正榮砍傷
越三十六日身死刑部將馬金賢問擬絞候聲明保辜限外
減等請　旨臣等核歷辦成案相符是以照票寫雙簽進
呈伏候　欽定

王時用依擬應絞著監候秋後處決餘依議

王時用砍傷孫盛亨至保辜限外身死著從寬免死照例減等杖

流餘依議

查本内王時用砍傷孫盛亨越六十五日身死刑部將王時用悶擬絞候聲明保辜限外減流請

旨臣等核與歷辦成案相符是以票擬雙簽進呈伏候

欽定

韓世芳依擬應絞著監候秋後處決餘依議

韓世芳毆傷韓元奉至保辜限外身死且家無次丁著從寬免死照例枷責准留養親餘依議

查本内韓世芳毆傷韓元奉越五十六日身死刑部將韓世

芳問擬絞候聲明保辜限外家無次丁減等留養請

旨臣等核與歷辦成案相符是以照擬票寫雙進簽呈伏候

欽定

蔡氏依擬應絞著監候秋後處決餘依議

蔡氏擲傷王氏至保辜限外身死著從寬免死照例減等收贖餘

依議

說帖式同前

詹亞四方亞孱方戚田蔡亞江俱依擬應絞著監候秋後處決餘

依議

詹亞四方咸田蔡亞江俱依擬應絞著監候秋後處決方亞屎槍
戳王英茂至保辜限外身死著從寬免死照例枷責准留養親餘
依議
查本内方亞屎槍傷王英茂越三十日身死刑部將方亞屎
問擬絞候聲明保辜限外累減杖徒請
旨臣等核與歷辦成案相符除詹亞四方減田蔡亞江三犯照擬
票簽外於方亞屎一犯票寫雙簽進呈伏候欽定
陳德潤王進發俱依擬應絞著監候秋後處決餘依議
王進發依擬應絞著監候秋後處決陳德潤毆傷劉炳蔚保辜限

保辜

外身死准其減等發往黑龍江給披甲人為奴餘依議

說帖式同前

王義年依擬應斬著監候秋後處決餘依議

王義年著從寬免死減等杖責發遠充軍餘依議

查本內王義年毆傷緦麻服表兄吳立中傷本輕淺因吳立

中自行抓落血痂以致因風越十六日身死刑部將王義年

餘限內自犯係減等充軍情 旨日等查得緦麻尊長

問擬斬候比照卑幼毆緦麻尊長因風致斃例無專条而較

之餘限內因風致死者情節尚輕自應援照辦理是以照擬

票寫雙簽進　呈伏候　欽定

刑雙說帖

年未及歲

王阿寬依擬應絞著監候秋後處決餘依議

王阿寬著從寬免死照例減等收贖餘依議

查本內王阿寬撞傷潘維勤身死刑部將王阿寬問擬絞候聲明死者情曲逞兇恃長欺侮該犯年未及歲援照減等收贖請
旨臣等核與丁乞三仔之例相符是以照擬票寫雙簽進
呈伏候
欽定

董魁青著即處斬餘依議

董魁青改為應斬著監候秋後處決餘依議

查本內董魁青因小功服兄董與讓用木杆相毆該犯奪獲

還毆一下嗣董與讓傷處潰爛越二十五日因風身死刑部
将董魁青問擬斬决夾簽請
旨臣等核其情節還毆一傷死保因風具在正限二十日以外與
聲請之例相符是以照例票寫雙簽進呈伏候欽定
任亞養依擬應絞著監候秋後處決餘依議
任亞養著從寬免死照例收贖餘依議
查本内兇犯任亞養年僅十五已死之梁幗瑚年已四十三
歲刑部将任亞養問擬絞候聲明死者年長四歲以上而又
理曲逞兇照例减等請旨臣等核與丁丁乞三仔之例

相符是以照擬票寫雙簽進
呈伏候
欽定
此式不可用．
查本內魏五踢傷竊賊劉桂宗身死刑部將魏五照擅殺律
問擬絞候聲明該犯年僅十五死者年長四歲以上理曲逞
兇該犯舉脚相踢適傷致斃援例減等收贖請
旨臣等
核與丁乞三仔之例情節尤輕是以照擬票寫雙簽進
呈伏候
欽定
簽式同前
查本內傷死王秋高之吳壬生刑部問擬絞候聲明該犯事
實年甫十四歲死者年長四歲以上而理曲逞兇援例減流

年未及歲

收贖請　旨　臣等核與丁乞三仔之例相符是以照例票

寫雙簽進　呈伏候　欽定　簽式同前

查本內劉位來因被廖青廣拾石擲傷畏懼逃跑廖青廣復

行追赶該犯慮其復毆拾石嚇擲適傷廖青廣殞命刑部將

劉位來問擬絞候聲明死者年長四歲以上理曲逞兇該犯

未及歲援例減等收贖請　旨　臣等核與丁乞三仔之例

相符是以照擬票寫雙簽進　呈伏候　欽定　簽式同前

姜狗孜依擬應絞著監候秋後處決餘依議

姜狗孜著從寬免死照例減等收贖餘依議

查向來因戲殺人年未及歲之犯臣票擬依擬應絞及減等收贖雙簽進　呈今此本內兇犯姜狗仔犯事時年只八歲已死之洪十孜年已十二歲刑部將姜狗孜問擬絞候聲明死者年長兇犯四歲照例聲請恭候　欽定臣等核與歷辦成案相符是以照擬票簽外添寫照例減等收贖簽進呈伏候　欽定

任正魁依擬應絞著監候秋後處決餘依議

任正魁年逾八十著從寬免死減等收贖餘依議

不票年逾八十亦可

查本内傷死緦麻表弟之任正魁年在八十以上刑部問擬
絞候聲明減等收贖請
旨臣等核與成案相符是以照擬票寫雙簽進　呈伏候
欽定

查本内敬子因緦麻服姪敬添華欲賣祖塋坟地該犯起意
主使将敬添華毆斃刑部将敬子問擬絞候聲明該犯年逾
八十減流收贖請
旨臣等核與奏請之例相符是以照擬票寫雙簽進　呈伏候
欽定　簽式同前

查本内傷死李長生之程瑞海刑部問擬絞候聲明該犯年
逾八十恭候
聖裁臣等核與奏請之例相符是以照擬
票簽外添寫減等收贖簽進
呈伏候
欽定
簽式同前
冉文濰著即處絞餘依議
冉文濰改為應絞著監候秋後處決餘依議

誤傷

查本内冉文濰用刀斫伐修補籬壁慮恐不緊用刀戳進壁
内排齊維時伊父冉棠誥因聞聲响疑賊潛出側身攏聽適
該犯刀尖戳進致誤傷冉棠誥左肋殞命刑部將冉文濰問
擬絞決聲明情有可原夾簽請
旨臣等核其情節實與

耳目所不及思慮所不到之律註相符是以照擬票簽外添
寫改為絞監候簽進　呈伏候　欽定
周氏著即凌遲處死李青林著即處斬餘依議
周氏著即凌遲處死李青林一犯著九卿定議具奏餘依議
查本内李青林誤傷伊父李芳蔚該撫將李青林問擬斬決
並聲明因救護毆妻誤傷伊父詰非有心干犯具題到部但
於誤傷父母例無夾簽聲請明文臣等核其情節該犯因見
伊妻周氏與伊父奪刀上前救護用挑水扁担向伊妻毆打
致誤傷伊父左肋伊父之死由周氏持刀劃傷右手大指等

處潰爛殞命並非死於此傷該犯因救護毆妻誤傷伊父實
非思慮所及除周氏一犯照例票擬凌遲處死其李青林一
犯照擬票簽外添寫九卿定議具奏簽進　呈伏候
欽定
龔奴才著即處斬餘依議
龔奴才改為應斬著監候秋後處決餘依議
第二支原票九卿定議具奏近例非因姦因瘋不票卿議
查向來有關服制罪犯而情節實可矜憫者臣等聲明具奏
仰蒙
聖恩量為寬減欽遵在案今此本內龔奴才因與

伊妻陳氏爭揪順取剪刀向戳陳氏向避適伊翁龔加江趕
勸以致誤傷左肋平復刑部聲明雖非有心干犯惟倫紀攸
關將龔奴才問擬斬決臣等核其情節傷由誤戳與有心干
犯者有間情屬可矜是以照擬票簽添寫改為應斬監候簽
進
呈伏候
欽定
查本內王黑楞飲醉回家經伊父王玉訓罵并拔刀欲行處
死該犯將刀奪獲跪地求饒王玉向其奪刀毆扎該犯用手
遮護不期刀尖誤將王玉左肐肘劃傷旋即平復刑部將王
黑楞問擬斬決聲明與樊魁之案相符請
旨定奪臣等

核其情節傷由失誤並無忤逆重情旣據刑部援案聲請是
以照例票擬簽外添寫改爲應斬候簽進
呈伏候
欽定
簽式同前
查本内李嚴錫因弟李嚴錯出言頂撞該犯氣忿取斧嚇砍
適母王氏趕勸走至嚴錯身後李嚴錯頭往右閃該犯收手
不及誤傷王氏殞命刑部將李嚴錫問擬斬決聲明並非有
心干犯夾簽請
旨臣等核其情節傷由誤中情尚可原
與聲請之例相符是以照擬票簽外添寫改爲應斬候簽進
呈伏候
欽定
簽式同前

誤傷

查本内李春年甫十四歲因執刀坐地削篾伊母周氏走至泥水地滑自行滑跌撲向李春身上誤碰刀尖致傷臍肚殞命刑部將李春問擬絞決援例聲明夾簽請旨臣等核其情節實與耳目所不及思慮所不到之律註相符是以照擬票簽外添寫改為應絞候簽進呈伏候欽定

查本内張秋俚右目幼瞽左足殘跛因雨後滑跌伊母張氏向拉致將伊母帶跌身死刑部將張秋俚問擬絞決聲明情有可原夾簽請旨臣等核其情節該犯目瞽足跛帶跌伊母磕傷身死實為耳目所不及思慮所不到與聲請之例相符

東京大學東洋文化研究所大木文庫藏明清稀見史料匯刊　第二輯

是以照例票擬簽外添寫改為應絞候簽進　呈伏候

欽定

簽式均同

查本内吳子受因用刀連戳伊女致誤傷伊母雲氏一案刑部將吳子受問擬斬決臣等核其情節該犯因見伊母在地種豆其妻坐地喂乳該犯令帮種伊妻不聽該犯生氣順用種豆尖刀連戳其所抱之女不料伊母攏救該犯收手不及以致誤傷伊母旋經平復據其起釁之由尚係囑令伊妻為母分勞所致並非有心忤逆是以照擬票簽外添寫改為應斬候簽進　呈伏候

欽定

誤傷

查本内蔣祖貴赶毆伊妻繼母丁氏走出攔阻時值黑暗中致誤將丁氏胸膛掀傷丁氏旋即因病身死一案刑部將蔣祖貴問擬斬決臣等核其情節該犯之繼母丁氏素患痰喘當該犯與妻口角丁氏業經就寢聞鬧起阻該犯黑暗中誤疑伊妻用手掀傷並非思慮所及原驗傷甚輕微既據查明丁氏實死於病該犯並非有心忤逆是以照擬票簽外添寫改為應斬監候簽進　呈伏候　欽定

查嘉慶十三年三月初七日刑部具題張客德誤傷伊父張遂隆身死將張客德向擬凌遲一本又十九年九月十三日

李青林誤傷伊父李芳蔚將李青林問擬斬決一本俱票擬
雙簽奉　旨勅下九卿定議具奏在案今此本内周三兒
因伊妻炊爨將鍋燒裂順拾柳条向毆其母張氏上前遮獲
該犯收手不及致誤傷其左腮頰癭袋張氏旋即失跌病發
殞命刑部將周三兒援照十八年三月内山西審奏白鵬鶴
欽奉　諭旨一案比例問擬斬決聲明並非有心干犯　臣
等核其情節該犯之母張氏素有痰喘病症被傷後飲食行
動如常並未喊痛嗣失跌氣壅致斃實係死由於病較之白
鵬鶴之母死由於傷者情節似屬更輕是以照擬票簽外添

刑變說帖

寫改為斬候簽進　呈伏候　欽定　此式近不用
查本內秦氏因伊翁劉洪彬令其摘瓜攜凳放於棚邊站工
摘取不知伊翁在棚下接瓜該氏誤將板凳踹翻碰跌劉洪
彬痰壅倒地殞命刑部將秦氏問擬絞決援例聲明夾簽請
旨　臣等核其情節該氏踹翻板凳猝不及防實與耳目所不及改 思慮所不到
與律[illegible]相符是以照擬[illegible]外添案[illegible]
為絞候簽進　呈伏候　欽定
查本內有關服制罪犯而情節實可矜憫者　臣等聲明具奏
節經奉　旨量為寬減欽遵在案今此本內呂氏伊翁朱 被
化扭毆圖脫扎掙致朱化失跌墊傷右臂等處傷甚輕微飲

食行動如常嗣因赴田中暑病故刑部將呂氏以服制攸關
仍依律問擬斬決臣等核其情節朱化實由病死與跌傷無
涉該犯與有心干犯者有間情殊可矜是以照擬票簽外添
寫改為斬候簽進　呈伏候　欽定
查本內張氏因被伊夫任秀責打不甘起意自戕用刀自戕
頭顱亂砍適伊姑孫氏瞥見趕攏拉救不期該氏昏暈鬆手
將刀掉落致刀口誤傷孫氏左手腕越十日殞命刑部將張
氏問擬絞決聲明情有可原夾簽請　旨　臣等核其情節
孫氏趕攏拉救已在該氏昏暈之後實與思慮所不到之律

誤傷

刑雙説帖

註相符是以照擬票簽外添寫改為應絞監候簽進
呈伏候
欽定
查本內楊氏誤傷伊夫任尚義身死一案該督將楊氏問擬
斬決刑部以楊氏誤傷伊夫身死名分攸關照律定擬具題
臣等核其情節該氏平日孝順夫婦亦甚和睦惟心疑張之
公誘賭持棒向毆張之公閃避誤將其夫任尚義毆傷身死
實係傷由誤中死出不虞是以照擬票簽外添寫改為斬候
簽進
呈伏候
欽定
查本內誤傷伊夫李廣桂身死一案刑部以倫紀攸關照律

将賀氏問擬斬決臣等核其情節該氏因其夫嫌作飯遲誤
用柴撲毆該氏舉碗盛菜情急舉手遮護意在圖免並無回
毆之心伊夫撲攏勢猛自行碰在碗上缺口致傷殞命該氏
並非有心干犯是以照例票擬簽外添寫改為應斬監候簽
進　呈伏候　欽定

誤傷

查本内劉氏戳傷伊夫范興得身死一案刑部以名分攸關
将劉氏問擬斬決臣等核其情節該氏手持剪刀修補舊褲
伊夫囑令煮飯該氏答以補完再煮伊夫即用竹條毆傷頂
心等處該氏負痛哭泣進房伊夫復赶向撲毆該氏情急順

用所持剪刀右手抵搪不期伊夫趕攏勢猛收手不及致刀
尖戳傷伊夫胸膛殞命實係傷由誤中尚非有心逞兇是以
照擬票簽外添寫改為應斬監候簽進
呈伏候
欽定
查本內吳氏因伊夫羅添志酒醉回歸令其燒水該氏未經
聽聞羅添志即向撲毆自在門枋磕傷額顱等處復趕出拾
鋤向毆該氏抓住鋤柄求饒因鋤頭向上羅添志用力扭奪
致鋤刃劃傷偏右該氏奪鋤丟棄欲走羅添志復將該氏扭
住用力一拉自行仰跌倒地在枋上磕傷腦後殞命刑部以
服制攸關將吳氏問擬斬決聲明與有心干犯者有間臣等

核其情節該氏奪鋤丟棄意圖免死並無同毆之心者自行
失跌磕斃實非意料所及是以照擬票簽外添寫改為斬候
簽進　呈伏候　欽定
查本內楊氏誤傷伊夫候亮山身死一案刑部以名分攸關
將楊氏照律問擬斬決　臣等核其情節該氏因伊夫醉後用
鐵秤錘毆打該氏掙脫跑走伊夫追趕用頭向撞該氏閃避
伊夫撲攏勢猛致自行在門枋上碰傷顱門殞命實與有心
干犯者有間是以照擬票簽外添寫改為斬候簽進
呈伏候　欽定

誤傷

查本內周氏因伊夫匡陽夜歸喊門該氏開門隨後行走暗
中被石絆腳身向前撲致匡陽撞跌身死刑部將周氏問擬
絞決聲明事出不虞夾簽請　旨臣等核其情節實與耳
目所不及思慮所不到之律註相符是以照擬票簽外添寫
改為絞候簽進　呈伏候　欽定
查本內李氏撞傷伊夫蔣常青身死一案刑部以名分攸關
照律將李氏問擬斬決臣等核其情節該氏與伊夫素好無
嫌因口角起釁被毆肩痛用頭向撞適傷蔣常青胸膛越十
四日殞命尚非有心干犯是以照擬票寫改為斬候簽進

呈伏候
欽定

查本内葉氏抵傷伊夫邢招仁身死一案刑部以名分攸關
將葉氏問擬斬決臣等核其情節該氏因伊夫令其盪酒嫌
冷先被持碗擲傷跑走復因伊夫持棍赶走該氏情急順拾
鉄鈀轉身抵格適傷邢招仁殞命實係一時情急抵格適傷
致斃尚非有心干犯是以照擬票簽外添寫改為斬候簽進
呈伏候
欽定

查本内李氏因搭傷伊夫唐太元身死一案刑部以名分攸
關將李氏問擬斬決臣等核其情節該氏因伊夫被高文蛟

誤傷

索欠毆傷同家後仍欲往尋拚命該氏慮恐滋事向阻唐太
元不依將該氏胸襟扭住推靠墻邊用頭亂碰該氏掙不脫
身情急用手將唐太元咽喉一搯冀其鬆手不期唐太元氣
閉殞命實係情急圖脫適傷致斃並非有心干犯是以照擬
票簽外添寫改為斬候簽進
呈伏候
欽定
查本内鄧曉呈因被胞叔鄧述金取鋤向毆該犯奪鋤欲逃
被述金扭住後該犯掙脫前跑致鄧述金帶跌撲地磕傷殞
命刑部將鄧曉呈問擬斬決聲明並非逞凶干犯夾簽請
旨臣等核其情節傷由帶跌死出不虞與聲請之例相符是以照

擬票簽外添寫改為斬候簽進呈伏候　欽定

以上雙簽俱係絞斬決改絞斬候一樣票擬説帖照本及夾簽

聲叙摘要繫處不蔓不支為是簽式均同前

馮添存馮添衢俱著即處斬餘依議

馮添存著即處斬馮添衢改為應斬著監候秋後處决餘依議

查本內馮添衢因伊兄馮添存被伊叔馮勝玉携凳撲毆上

前拉勸順用劈篾尖刀將凳格落不期刀尖誤傷馮勝玉背

膊馮勝玉旋因馮添存戳傷殞命刑部將馮添存馮添衢俱

問擬斬決聲明馮添衢與故無逞凶干犯者有間夾簽請

刑雙説帖　誤傷

旨臣等核其情節該犯用刀格凳之時因見凶狠意存拉勸迨誤
傷後旋即跑開實非有心干犯是以照擬票簽外於馮添衢
一犯添寫改為應斬監候簽進
呈伏候
欽定
李冬開著即處斬餘依議
李冬開改為應斬著監候秋後處決餘依議
查本內李冬開因見胞兄李沅開被李庚喜揪毆不放該犯
情急順用尖刀將李庚喜嚇戳致誤傷李沅開殞命刑部將
李冬開問擬斬決聲明尚非有心干犯並母老丁单夾簽請
旨臣等核其情節傷由誤戳死出不虞且犯母蕭氏年逾七十家

無次丁其情節實可矜憫是以照擬票簽外添寫改為斬候
簽進　呈伏候　欽定
查本內陳光祥因摘瓜用刀剖切被胞兄陳光祖斥罵抓住
該犯衣領往前一拉致刀尖戳傷陳光祖殞命刑部將陳光
祥問擬斬決臣等核其情節持刀切物本無干犯之心撲戳
由於被拉尤非意料所及是以照擬票簽外添寫改為斬候
簽進　呈伏候　欽定
查本內李媒娘因胞兄李瑞全醉後向伊母陳氏回罵該犯
在旁理斥李瑞全持刀赶毆該犯奪刀過手被李瑞全推跌

倒地李瑞全酒後脚軟自行帶跌撲壓該犯身上致刀尖誤
碰咽喉殞命刑部将李娸娘問擬斬決聲明並無逞兇干犯
親老丁单夾簽請
旨臣等核其情節傷由誤中死出不
虞且親老丁单情殊可憫與聲請之例相符是以照擬票簽
外添寫改為斬候簽進
呈伏候
欽定
杳本内任德樂因小功服伯任克義索欠錢文被任克義撲
毆並将其髮辮揪住該犯掙不脫身順拔佩刀冀圖割斷髪
辮逃逸以致誤劃傷任克義右手大指越三十五日抽風身
死刑部将任德樂問擬斬決聲明並非有心干犯夾簽請

旨臣等核其情節傷由誤劃死由抽風與聲請之例相符是以照
擬票簽外添寫改為斬候簽進　呈伏候
欽定
查本内党玉恭因與堂弟党玉畛争吵用磚向擲不期誤傷
小功伯母張氏殞命刑部將党玉恭問擬斬決聲明並非有
心干犯夾簽請　旨　臣等核其情節傷由誤中與聲請之
例相符是以照擬票簽外添寫改為斬候簽進　呈伏候
欽定
查本内周狗被胞兄周賛昇撲毆該犯逃避將邱祥萬擲跌
帶撲伊兄周賛昇一併仰跌以致邱祥萬手中煙筒戳傷周

賚昇殞命刑部以罪坐所由問擬斬決聲明並非有心干犯

夾簽請

旨　臣等核其情節傷係誤中其情實可矜

憫是以照擬票簽外添寫改為斬候簽進

呈伏候

欽定

查本内貴子孝因胞兄貴子貴向索猪價該犯央緩貴子貴

不依用拳在該犯背上乱毆復行拾石該犯情急用拳毆傷

貴子貴右後肋貴子貴揪住該犯髮辮拉扯該犯挣扎不脱

貴子貴因酒醉被石絆跌墊傷右後肋殞命刑部將貴子孝

問擬斬決聲明與逞兇干犯者有間臣等核其情節傷由跌

墊死出不虞與聲請之例相符是以照擬票簽外添寫改為

斬候簽進　呈伏候　欽定

查本內李兆因大功服兄李迴爭吵致李迴磕傷因風身死

刑部將李兆問擬斬決聲明並非逞凶干犯夾簽請

旨臣核其情節傷由跌墊死出不虞與聲請之例相符是以照擬

票簽外添寫改為應斬監候簽進　呈伏候　欽定

查本內劉潮槐因被胞兄劉潮順疑竊倉穀取耙追至身後

乱毆該犯情急順用扁担抵格適傷劉潮順殞命刑部將劉

潮槐問擬斬決聲明並非逞兇干犯夾簽請　旨臣等核

其情節傷由抵格死出不虞與聲請之例相符是以照擬票簽外添寫改為斬候簽進

呈伏候

欽定

查本内王庭章因胞兄王庭宛欲賣地畝經伊母蘇氏禁阻後與該犯相商該犯恐母缺養不允王庭宛生氣向毆并扭住該犯腮頰該犯負痛情急咬傷王庭宛手指潰爛殞命刑部將王庭章問擬斬決聲明情可矜憫并母老丁單夾簽請

旨

臣等核其情節死者違背母訓欲私賣地畝該犯阻止被毆情急咬傷適斃與逞兇干犯者有間且伊母年已七十七歲家無次丁是以照擬票簽外添寫改為斬候簽進

呈伏候

欽定

查本内楊通海因小功堂叔楊正言聲稱伊母蕭氏與人通姦該犯向其理斥楊正言不依將該犯毆跌騎壓身上拔刀向戳該犯情急用脚向上一蹬致傷楊正言殞命刑部將楊通海問擬斬決聲明並非無故逞凶干犯聲請

旨臣等核其情節死者誣稱該犯之母與人通姦該犯理斥被毆並未還手復被撳毆情急一蹬致斃與聲請之例相符是以照擬票簽外添寫改為斬候簽進　呈伏候

欽定

以上簽式均同前

誤傷

丁炳良丁炳苞俱著即處斬餘依議

丁炳良丁炳苞俱改為應斬著監候秋後處決餘依議

查本内丁炳良與丁炳苞互罵用刀向戳丁炳苞之父丁鈺鋼從後拉勸丁炳良收手不及誤傷丁鈺鋼殞命丁炳苞因伊母陳氏被丁炳謙推跌騎壓毆打伊母面紅氣塞情急用刀嚇戳丁炳謙殞命刑部將丁炳良丁炳苞問擬斬決聲明與無故逞兇干犯者有間夾簽請 旨臣等核其情節一係誤傷適斃一係救母情切俱與聲之例相符是以照擬票簽外添寫改為斬候簽進 呈伏候 欽定

誤毒

周妹著即處絞餘依議

周妹改為應絞著監候秋後處決餘依議

查本内周妹因厨房鼠耗作鬧將伊主舊存鼠藥拌飯半碗
安置碗架冀圖毒鼠未經向人告知不料伊主母黄氏於是
夜五更肚中飢餓往厨房誤取此飯用茶泡食以致毒發殞
命刑部將周妹問擬絞決聲明初無害人之心夾簽請
旨臣等核其情節實為思慮所不到與過失殺人之例相符是以
照擬票簽外添寫改為斬候簽進　呈伏候　欽定

張氏著即處斬餘依議

張氏改為處(應)斬著監候秋後處決餘依議

查本內張氏因前夫之子范香屢次偷竊起意將其毒死誤毒程鐸等父子一家二命刑部將張氏問擬斬決聲明情有可矜可否量減斬候請

旨臣等核其情節程鐸等二人之死實非該氏意料所及是以照擬票簽外添寫改為應斬監候簽進

呈伏候

欽定

魏大志著即凌遲處死餘依議

魏大志著從寬改為斬立決餘依議

查本內魏大志因屢被火夫田滕處欺凌起意毒斃致將業

師能潮銳誤毒身死一案該督將魏大志比照故殺期親尊
長律問擬凌遲并聲明該犯事後知覺即將實情向同學等
哭訴哀求解救死後復向屍子告知尚知悔恨援案聲請經
刑部核與嘉慶八年題覆貴州省敖茂文用藥毒嫂誤毒胞
兄敖茂順身死奉
旨改為斬決之案情事相同是以臣
等照擬票寫雙簽進
呈伏候
欽定
嘉慶八年　臣等核覆貴州省客民敖茂文用藥毒嫂誤毒胞
兄敖茂順身死一案該撫將敖茂文照故殺胞兄律擬以凌
遲處死經　臣部照擬核覆具題奉

旨此案敖茂文欲毒伊嫂李氏誤將胞兄敖茂順毒死刑部擬照
該撫原題將該犯按律問擬凌遲但細核情節該犯因伊子
被李氏平日挑唆伊兄不時將伊訓責懷恨於心乘其患病
喫粥趁便下毒敖茂順同家同喫時該犯業已出門迨該犯
回家見敖茂順身死始知伊兄誤被毒斃痛恨無及當將緣
由向伊次兄敖茂泰哭訴據實承認不諱敖茂泰同將李氏
等解救平復是該犯於誤毒伊兄死後尚知悔恨自行承領
稍有一線可原敖茂文著從寬改為斬立決嗣後如有似此
誤毒胞兄身死之案如果本犯能自知痛悔立時承認自首

者均照此問擬欽此通行在案
任選著即處斬餘依議
九卿定議具奏
查本內任選因瘋發持刀亂舞致將伊父任惠祁扎傷旋經
平復刑部以倫紀攸關照例問擬斬決臣等細核案由據該
督聲稱該犯平日事親至孝鄰里皆知實因瘋發無知致將
伊父扎傷與實在干犯者有間是以照擬票簽外添寫九卿
定議具奏簽進　呈伏候　欽定
道光七年孫斗一案乃因瘋砍傷伊父平復後患病身死特

旨改斬候因瘋因姦總票卿議但有夾簽者票卿議如援案者不
票卿議直票改為斬候本內援引孫斗一案聲明可否改為
斬候抑或仍飭九卿定議云云並不夾簽第二簽即票改為
斬候矣說帖內添查與孫斗一案相符是以照擬票簽外添
寫改為斬候簽云云
周勝淋著即處斬餘依議
九卿定議具奏
查因瘋致傷有關服制者節奉恩旨發交九卿議奏在案
今此本內周勝淋因陡發瘋狂手持刀斧砍人伊母金氏赶

至攔阻奪刀致砍傷伊母左耳等處刑部以倫紀攸關將周
勝淋照律問擬斬決臣等細核案由該犯獲案後神氣昏迷
語無倫次實係瘋發無知尚與誤傷情節相符是以照擬票
簽外添寫九卿定議具奏簽進

呈伏候

欽定

查本內李大魁因瘋病舉發持刀跳舞砍傷胞叔李萬讓殞
命刑部將李大魁照律問擬斬決聲明瘋發無知並非有心
干犯夾簽請

旨臣等核其情節當該犯瘋發時實不知
毆殺何人是以照擬票簽外添寫九卿議具奏簽進

呈伏候

欽定

查本内何成敎陡患瘋病經胞叔何東潤鎖閉空房嗣因病
劇撞開房門手執扁担亂舞何東潤見而喝阻該犯即用扁
担毆傷何東潤殞命刑部將何成敎照律問擬斬決聲明與
無故干犯者有間臣等核與聲請之例相符是以照擬票簽
外添寫九卿定議具奏簽進　呈伏候　欽定
查本内楊文河因瘋病復發手舞木棍毆傷伊妻沈氏倒地
胞叔楊若璧見而趨救被該犯該傷楊若璧殞命刑部將楊
文河問擬斬決聲明瘋發無知並非有心逞凶干犯夾簽請
旨臣等核與聲請之例相符是以照擬票簽外添寫九卿定議具奏

簽進　　呈伏候　　欽定

查向來因瘋傷死有関服制者節經奉
旨九卿議奏欽遵在案今此本内張紹武砍傷期親伯母王氏身
死並砍傷期親伯母平復雖一死一傷究因瘋發無知並非
有心干犯夾簽請
旨臣等核與聲請之例相符是以照擬票簽外添寫九卿定議具
奏簽進　呈伏候　欽定

查本内魏長林因瘋病復發携鋤跳舞致將胞兄魏玉林石
顋角等處毆傷殞命刑部將魏長林問擬斬決聲明並非有

心干犯夾簽請
旨臣等核其情節該犯瘋發無知與聲
請之例相符是以照擬票簽外添寫九卿定議具奏簽進
呈伏候
欽定
查因瘋傷死有関服制者歷經欽奉
恩旨發交九卿議奏今此本内陳氏鋤傷伊夫戴大受身死既據
刑部聲明實係瘋發所致並非有心干犯是以照擬票簽外
添寫九卿定議具奏簽進
呈伏候
欽定
此說帖太簡不宜用總須敘出臣等核其情節云云
亦須敘出罪名並夾簽字樣

再嘉慶十一年九月二十五日奉　上諭刑部題民婦段
李氏一案詳見　上諭摘抄
以上簽式均同前
田治著即處斬餘依議
田治依議改為應斬著監候秋審時入於情實餘依議
查本內田治因瘋毆死韓升等一家三命經該府尹等田治
問擬斬決刑部議以因瘋毆死一家三命到案供吐明晰者
例無治罪名文若竟擬斬決未免與尋常毆死一家三命者
漫無區别援照十四年四川省陳正儒一案可否將該犯衡

情改為斬候請
旨定奪臣等詳核案情該犯毆死一家
三命雖與陳正儒之毆死一家三命情節較重而其為瘋發
無知實屬情無二致既遽刑部援案聲明是以票擬雙簽進
呈伏候
欽定
說帖內於十四年上應照本內加年號如本內未載年號
可將十四年三字衍去亦可
康潮湅准其減等充軍餘依議
光緒三年四月初十日進只票單簽不加說帖緣本尾刑部
出語應如該督所題康潮湅應比照卑幼毆傷緦麻尊長餘

限內因風身死照例奏請
定奪倘蒙
聖恩准其減等應將該犯康潮凍減為杖一百發
邊充軍云云　未見斬候字樣也

部本簽式卷六目錄

刑部

雙簽說帖

部本簿式

目錄

首

刑部雙簽説帖

榮財依擬應絞著監候秋後處決李鳳兒著即處斬餘依議

榮財依擬應絞著監候秋後處決李鳳兒猝被伊翁調姦情急拒傷著免其治罪即行釋放餘依議

查本内趙幗洪圖姦童養媳李鳳兒被李鳳兒用鍼札傷一案刑部將李鳳兒問擬斬決聲明應否免罪釋放請旨定奪臣等核其情節趙幗洪屢次調姦伊媳證據確鑿翁媳之義已絶李鳳兒實係情急勢危倉猝捍拒與刑吴氏一案

欽奉

諭旨相符除李榮財票擬絞候外李鳳兒一犯照擬票寫雙簽進

呈伏候　欽定

姜氏著即處斬餘依議

姜氏猝被伊翁持械逼姦情急拒傷著免其治罪即行釋放餘依

議

查本内姜氏因伊翁畢得富黑夜撥門入房圖姦該氏嚷喊
畢得富即取鐵叉嚇戳逼從該氏掙不脫身情急奪叉拒戳
冀令鬆手不期致傷顖門等處經畢陳氏聞聲踵至畢得富
始赤身跑出旋即愧悔自盡刑部將姜氏問擬斬決聲明是

否免罪釋放請　旨臣等核其情節畢得富持械强姦子
媳證據確鑿翁媳之義已絕姜氏實係情急勢危倉猝捍拒
與刑吴氏一案欽奉　諭旨相符是以照擬票寫雙簽進
呈伏候　欽定
黄啟輝著即處斬餘依議
黄啟輝著從寬免死照例枷責准留養親餘依議
查本内黄啟輝因緦麻服兄黄啟璽與伊妻方氏通姦該犯
於姦所捉獲用鋤柄毆傷黄啟璽身死刑部將黄啟輝問擬
斬決聲明激於義忿減流請　旨並該犯之母守節二十

年家無次丁照例聲請留養臣等覈其情節死者姦淫弟妻
本屬蔑倫傷化該犯姦所獲姦毆由義忿於聲請之例相符
是以照擬票寫雙簽進
呈伏候
欽定
程階依擬應斬著監候秋後處決餘依議
程階著減等杖流餘依議
查本內程階因緦麻服叔程起宿與伊妻任氏通姦該犯於
姦所護姦撞獲用鐵頭木杆連毆程起宿殞命刑部將程階
問擬斬候援例減等請
旨臣等核其情節實係激於義
忿與量減之例相符是以照擬票寫雙簽進
呈伏候

欽定

李正青依擬應斬著監候秋後處決餘依議

李正青著減等杖徒餘依議

查本内因緦麻服叔李長亨與伊妻通姦該犯於姦所親獲

用木棍疊毆李長亨殞命刑部將李正青問擬斬候援例減

等請

旨臣等核其情節實係激於義忿與量減之例相

符是以照擬票寫雙簽進

呈伏

欽定

鄭萬照依擬應斬著監候秋後處決餘依議

鄭萬照著減等杖流餘依議

查本内鄭萬照因緦麻服伯鄭啟信與伊妻宿氏通姦該犯
於姦所將鄭萬信宿氏一併登時殺死刑部將鄭萬照問擬
斬候聲明激於義忿減流請
旨臣等核其情節與量減
之例相符是以擬票雙簽進呈伏候
欽定

陳繼遥著即處斬餘依議

陳繼遥著減等杖流餘依議

查本内陳繼遥因緦麻叔陳延進與伊妻徐氏通姦該犯於
姦所捉獲綑縛將陳延進徐氏一併活埋殞命刑部將陳繼
遥問擬斬決援例減流請
旨臣等核其情節陳延進與

緦麻姪媳通姦本屬亂倫傷化該犯於姦所親獲一併致斃
實係激於義忿與隨本聲明量減之例相符是以照擬票寫
雙簽進　呈伏候　欽定
尹壵祥依擬應絞著監候秋後處決餘依議
尹壵祥著從寬免死照例枷責准留養親餘依議
查本內尹壵祥砍傷姦拐伊妻之滎老九身死係屬激於義
忿秋審應入可矜既據刑部聲明親老丁單與隨案聲請之
例相符是以照擬票寫雙簽進　呈伏候　欽定
王士樂著即處斬餘依議

九卿定議具奏

查本内王士樂因小功堂兄王士廣與伊妻吳氏通姦該犯於姦所登時捉獲用刀砍傷王士廣殞命刑部將王士樂問擬斬決聲明並非有心干犯夾簽請　旨　臣等核其情節死係犯姦尊長殺由義忿與聲請之例相符是以照擬票簽外添寫九卿定議具奏簽進　呈伏候　欽定

本夫捉姦殺死姦犯尊長係期親減斬候係功服減杖流從前辦理不畫一者現已一律更正奏明知照内閣票簽處

同治六年八月刑部印片

程萬喜著即處斬餘依議

九卿定議具奏

查本內程萬喜因小功兄程萬受與伊妻吳氏行姦該犯撞遇一時忿激順用鐵刀戳傷程萬受斃命刑部將程萬喜問擬斬決聲明與無故干犯者有間夾簽請

旨　臣等核其情節死者與小功弟妻通姦本屬亂倫該犯於姦所殺斃實係激於義忿與聲請之例相符是以照擬票簽外添寫九卿定議具奏簽進

呈伏候

欽定

楊添榮著即凌遲處死餘依議

九卿定議具奏

查本內楊添榮因伊兄楊添貴在伊妻雷氏房內姦宿該犯氣忿莫釋即取屠刀將添貴雷氏登時殺死刑部將楊添榮問擬淩遲聲明激於義忿夾簽請
旨臣等核其情節死者蔑倫傷化律應斬決該犯於姦所登時將姦夫姦婦殺死實屬激於義忿情有可矜是以照擬票簽外添寫九卿定擬具奏簽進
呈伏候
欽定

李得仁着即淩遲處死王喜貴着即處斬餘依議

王喜貴着即處斬李得仁一犯著九卿定擬具奏

查本内李得仁因胞兄向伊妻邵氏强姦未成邵氏向該犯
哭訴前情該犯忿不敢發隨向王喜貴告知王喜貴圖洩私
忿慫恿將李萬仁殺死並許加功該犯允從即乘李萬仁酣
睡用斧砍傷其顱門等處王喜貴亦用斧砍傷其頂李萬仁
殞命刑部將李得仁問擬凌遲聲明與無故逞凶干犯者有
間夾簽請　旨臣等核其情節死者强姦弟妻本屬亂倫
罪人該犯殺由義忿與聲請之例相符除王喜貴照例斬決
外於李得仁一犯添寫九卿定議具奏簽進　呈伏候
欽定

白立柱著即處斬餘依議
九卿定擬具奏
查本内白立柱因胞叔白士杰强姦伊妻倪氏未成該犯聞
知氣忿嗣白士杰從門口經過伊母李氏先向樸毆該犯幫
獲致傷白士杰殞命刑部將白立柱問擬斬決聲明情可矜
憫夾簽請　旨臣等核其情節死係蔑倫胞叔毆由激於
義忿與聲請之例相符是以照擬票簽外添寫九卿定議具
奏簽進　呈伏候　欽定
查本内張添才因大功兄張添富調姦伊妻該犯欲拉送究

張添富不服嫚罵即用木盆向毆該犯順取棹上菜刀砍傷
張添富殞命刑部將張添才問擬斬決聲明與無故逞兇干
犯者有間夾簽請
旨臣等核其情節死者調姦弟婦本
屬蔑倫該犯將其砍傷致斃實係激於義忿與聲請之例相
符是以照擬票簽外添寫九卿定議具奏簽進
呈伏候
欽定
查本内蔣式經因小功兄蔣式法與伊童養妻徐氏通姦該
犯隱忍將徐氏改嫁嗣蔣式法又向伊續妻李氏拉手調戲
該犯氣忿往論因被持刀向戳該犯奪刀戳傷蔣式法殞命

刑部將蔣式經問擬斬決聲明可情矜憫夾簽請 旨臣
等核其情節死者係亂倫罪人該犯殺由義忿與聲請之例
相符是以照擬票簽外添寫九卿定擬具奏簽進 呈伏候
欽定
簽式均仝前
趙元兒著即凌遲處死餘依議
九卿定議具奏
查本内趙元兒因期親伯母熊氏與雇工崔喜貴通姦醜聲
外揚該犯向勸被罵並被持刀擲砍該犯情急奪刀砍傷熊
氏腮頰等處熊氏稱定欲將該犯處死該犯一時激於義忿

用刀砍傷態氏身死刑部以服制攸關將該犯照律問擬凌遲聲明並非無故逞兇干犯比照毆死期功尊長情輕之例於疏內具明恭候

欽定臣等核其情節死者本係淫蕩無恥該犯以其敗壞門風理勸不聽忿激故殺其情尚可矜憫原是以照擬票簽外添寫九卿定議具奏簽進

呈伏候

欽定

高氏著即處斬餘依議

九卿定議具奏

查本內高氏因伊夫王歲屢向童養媳小英圖姦向阻互毆

致傷王歲身死一案刑部以名分攸關將高氏問擬斬決臣
等核其情節該氏之夫王歲兩次圖姦童養媳俱經該氏聞
喊斥阻反被王歲毆打一次並未分爭嗣後王歲於夜間圖
姦伊媳該氏聽聞拉勸被王歲拾棒向打該氏將捧奪獲王
歲用頭向撞該氏還毆數下因其並未側作聲點燈照視王歲
已因傷殞命是王歲屢次亂倫圖姦子媳已有確據該氏奪
捧還毆時值黑夜刑部聲稱與無故逞凶干犯者有間是以
照擬票簽外添寫九卿定議具奏簽進
呈伏候
欽定
王文煥著即處斬孫氏著即處絞餘依議

王文煥改為應斬著監候秋後處決孫氏著即處絞餘依議

查本内王文煥因胞兄王文光與姪媳孫氏通姦經母趙氏斥詈輒敢頂撞並將伊母推開該犯理斥被毆情急取斧嚇抵適傷王文光越日抽風身死刑部將王文煥問擬斬決聲明情堪矜憫夾簽請

旨臣等核其情節死者淫惡蔑倫本係罪犯應死該犯被毆情急嚇抵適傷致斃與聲請之例相符除孫氏照例票簽外於該犯添寫改為斬候簽進呈

伏候

欽定

敬庭貴著即處斬餘依議

九卿定議具奏

查本內敬庭責因胞兄敬庭槐與小功姪媳王氏通姦伊父敬俊如起意將敬庭槐致死給該犯尖刀一把囑令幫同捉姦該犯不肯伊父發氣即欲尋死該犯勉強隨往推門適敬庭槐姦宿伊父喝令快殺致傷敬庭槐殞命刑部將敬庭責問擬斬決聲明聽從父命夾簽請

旨　臣等核其情節死者本屬亂倫傷化該犯聽從父命姦所獲姦殺在登時且家無次丁實可矜憫是以照例票簽外添寫九卿定議具奏簽

進呈伏候

欽定

孔光田依擬應斬著監候秋後處決餘依議

九卿定議具奏如本内業已減流者不夾簽亦即不票卿議照本票

查本内孔光田因緦麻表兄張成信與伊寡嫂張氏通姦該

犯於姦所捕獲用木爬疊毆張成信殞命刑部將孔光田問

擬斬決聲明激於義忿夾簽請

旨臣等核其情節該犯

於姦所獲姦殺在登時與聲請之例相符是以照擬票簽外

添寫九卿定議具奏簽進

呈伏候

欽定

楊和尚著即處斬餘依議

九卿定議具奏

查本內楊和尚因伊父楊世招不令犯姦之小功堂姊楊氏
獨住以便管束楊氏向伊父撞頭拚命該犯拉勸楊氏持械
向毆該犯情急順拔小刀嚇札適傷楊氏殞命刑部將楊和
尚問擬斬決聲明並非逞兇干犯夾簽請　旨臣等核其
情節楊氏犯姦犯尊該犯阻姦拉勸被毆適傷致斃其情可
憫是以照擬票簽外添寫九卿定議具奏簽進　呈伏候
欽定
左國常依擬應斬著監候秋後處決餘依議
九卿定議具奏

查本内左國常因見緦麻兄左國仕與胞弟之妻行姦即用
斧在姦所砍傷左國仕殞命刑部將左國常問擬斬決聲明
激於義忿夾簽請　旨臣等核其情節死者本屬亂倫傷
化該犯姦所捉獲殺在登時與無故逞兇干犯者有間是以
照擬票簽外添寫九卿定議具奏簽進　呈伏候　欽定
余在邦依擬應斬著監候秋後處決餘依議
九卿定議具奏
查向來捉姦傷有服尊長之案節奉　恩旨交九卿議奏
量予末減欽遵在案今此本内陝西民人余在邦因胞姊余

氏與緦麻表兄朱萬明通姦該犯姦所捉獲登時砍傷朱萬
明殞命刑部將佘在邦問擬斬候照例夾簽請　旨臣等
核其情節實屬激於義忿與聲請之例相符是以照擬票簽
外添寫九卿定議具奏簽進　呈伏候　欽定
董遐印著即處斬陳女仔著即處絞餘依議
董遐印著即處斬陳女仔改為應絞著監候秋後處餘依議
查本內陳女仔因姦致母被殺一案經該撫擬以絞監候聲明
尚有不忍致死其母之心聽候夾簽請　旨刑部議以例
無父母被姦夫殺死准予夾簽明文惟該氏於伊母被姦夫

殺死後告知伊叔將姦夫指拏到官尚有不忍致死其母之
心可否援請改為絞候恭候
欽定臣等核其情節不無
可原是以照擬票簽外於陳女仔一犯添寫改為絞候簽進
呈伏候
欽定
查此本以用雙簽為妥刑部本内有子女犯姦父母並未縱
容被殺者絞立決例牌其本内並有母與夫名分較重罪名
較嚴云云致夫被殺尚票雙簽致母被殺更不可票單簽刑
部本内貼黄若遽擬以絞決似出筆太硬若然何不即直擬
絞候可否恭候
欽定豈單根絞候一層耶況酌定雙簽

第二支依擬二字總不可加貼黃亦酌改兹特續入犯姦各

式内

鄧發貴著即處斬吴氏依擬應絞著監候秋後處決餘依議

鄧發貴著即處斬吴氏於伊夫被殺後將姦夫投首告指拿到官

尚有不忍致死其夫之心著從寬免死照例減等發落餘依議

查本内鄧發貴與吴氏通姦致夫(本梁長受被鄧發貴毆傷

身死刑部將吴氏問擬絞候援例夾簽請 旨 臣等核其

情節該氏先因犯姦經其夫責詈矢知改悔斷絶往來後因

伊夫不回疑被鄧發貴殺死即投約首告將姦夫指拏到官

實有不忍致死其夫之心是以照擬票簽外於吳氏添寫雙
簽進　呈伏候　欽定
凡姦婦不忍致死其夫姦夫日久不獲將姦婦減等杖流仍
監禁待質請　旨定奪雖有如蒙　俞允字樣亦不票
雙簽直票某氏准其減杖流
陳氏准其減等杖流
二十年八月二十九日進山東司一本
本面　監禁待質之某氏減流請　旨
○著即處斬王氏依擬應絞著監候秋後處決餘依議
○
○

刑部雙簽說帖　因姦　十三

○○○著即處斬王氏於伊夫被毒後即行首告將姦夫指拏到
官尚有不忍致死其夫之心准其減等援赦免罪餘依議
姦婦減等杖流請
旨因逢
恩赦本內前擬絞候罪
名著秋後處決字樣是以酌票此式
趙氏依擬應絞著監候秋後處決餘依議
趙氏於伊夫被害後料係姦夫陳友之謀斃即向伊姑告知指拏
到官尚有不忍致死其夫之心著從寬免死照例減等發落餘依議
廖井發依擬應斬著監候秋後處決餘依議
廖井發著減等杖流仍准免罪餘依議

因姦傷死緦麻兄斬候杖流又援赦免罪加說帖

陳氏著即處絞餘依議

陳氏改為應絞准其援免餘依議

查本内陳氏被夫兄賴九逼姦一案刑部將陳氏問擬絞決
聲明該氏被逼成姦與甘心淫亂者不同可否改為絞候援
赦免罪請
旨
臣等核與聲請之例相符是以照擬票簽
外添寫改為應絞准其援免簽進
呈伏候
欽定
本内有儻蒙
聖恩改為絞候事犯在
恩詔以前所得
絞罪應予援免

以上案關服制又有可否字樣故票雙簽並票免罪云云如尋常例應減等之犯貼黃又聲敘事在赦前應准援免則徑票依議二字不必雙簽說帖矣

徐勝來著即處斬餘依議

徐勝來改為應斬著監候秋後處決餘依議

查本內徐勝來因胞兄徐幅來為伊母饒氏取伊柴薪將該氏推跌致傷復聲言拚命趕向撞頭該犯恐母受傷舉腳嚇踢適傷徐幅來殞命刑部將徐勝來問擬斬決聲明救護情切夾簽請

旨　臣等核其情節死者凶惡蔑倫罪犯應死該犯情切救護嚇踢適斃並非有心干犯與聲請之例相符是以照擬票簽外添寫改為斬候簽進

呈伏候

欽定

李五昭著即處絞餘依議

李五昭改為應絞著監候秋後處決餘依議

查本內李五昭因胞兄李五奉欲於伊母喪服期內娶買休婦向伊父李枝林索錢不允拾刀拚命該犯趕救奪刀李五奉復拉住伊父碰頭該犯恐父受傷遂砍李五奉右臂膊續經伊父將李五奉連砍殞命刑部將李五昭刀傷胞兄例問擬絞決援乾隆五十七年

諭旨夾簽請

旨臣等核其情節死者忤逆逞兇本係罪犯應死該犯先於李五奉扭住伊父碰頭之際刀砍傷輕實係情切救護是以照擬票簽外添寫改為絞候簽進

呈伏候

欽定

查本內向士貴因胞兄向士俊出言頂撞辱罵伊母並奪刀還毆該犯勸阻不理恐母受傷情急用捧格毆致傷向士俊殞命刑部將向士貴問擬斬決聲明與無故逞凶干犯者有間夾簽請
旨臣等核其情節死者毆罵伊母本屬罪犯應死該犯格毆適斃實係救護情切是以照擬票簽外添寫改為斬候簽進呈伏候
欽定

查本內姚任俊因伊父姚翠虞被胞伯姚廣虞刀戳倒地伊父喊救姚廣虞猶持刀向戳該犯聞喊走出用捧向毆適傷姚廣虞殞命刑部將姚任俊問擬斬決照例夾簽請
旨

臣等核其情節實係事在危急情切救護且該犯之父已因
傷斃命其情實可矜憫與聲請之例相符是以照擬票簽外
添寫改為斬候簽進
呈伏候
欽定
查本内葉士明因伊母張氏被伊胞叔葉朝信按地持刀欲
砍該犯趨救奪刀過手葉朝信仍按住不放該犯情急用刀
嚇砍致傷葉朝信殞命刑部將葉士明問擬斬決聲明救母
情切夾簽請
旨臣等核其情節實係事在危急一傷適
斃尚非有心干犯與聲請之例相是以照擬票簽外添寫改
為斬候簽進
呈伏候
欽定

查本内孟哈嚶喜因小功叔孟作有拳毆伊父孟作義左眼
伊父負痛聲喊該犯趨救拾棍向毆適傷孟作有仍揪住不
放該犯情急復用棍嚇毆適傷孟作有仍揪該犯之母聞知
慮子犯罪愁急自縊身死刑部聲明情可矜憫以例無夾簽
明文仍將孟哈嚶喜毆死小功尊屬律問擬斬決　臣等核其
情節該犯因父被毆情急救護伊母之死雖由愁急自盡究
與自作不端累及其親者有間其情實可矜憫是以照擬票
簽外添寫改為斬候簽進
呈伏候
欽定
查本内李集勳因小功叔李秀恒將伊父李來許揿按在地

刑部雙簽說帖　救護　十七

手搯咽喉該犯拉勸不放見其父面紅氣塞恐父致斃情急
拾棍毆傷李秀恒殞命刑部將李集勳問擬斬決臣等核其
情節死者毆傷大功服兄本係罪人該犯情切救護向毆適
斃殊堪矜憫且伊父年逾七旬家無次丁是以照擬票簽外
添寫改為斬候簽進
呈伏候
欽定
查本內房春光因見伊母李氏被大功兄房春楊按倒搯住
咽喉氣喘語塞情急嚇毆適傷房春楊殞命刑部將房春光
問擬斬決聲明並非無故干犯夾簽請
旨臣等核其情
節死者本屬犯尊該犯救母情切與聲請之例相符是以照

擬票簽外添寫改爲斬候簽進　呈伏候　欽定
查本内余成富因見伊父余汝雲被小功兄余成煥騎壓身
上手搯咽喉面色改變該犯情急取棒毆傷余成煥殞命刑
部將余成富問擬斬決聲明並非有心干犯並親老丁單夾
簽請　旨　臣等核其情節實係在危急毆由救父年逾七
旬家無次丁情殊可憫是以照擬票簽外添寫改爲斬候簽
進　呈伏候　欽定
查本内楊汝遠因小功兄楊金盛將伊父楊瑞生揪倒騎
壓舉拳欲毆該犯瞥見情急順用木棍毆傷楊金盛越十六

日抽風殞命刑部將楊汶遠問擬斬決聲明救親情切夾簽

請　旨臣等核其情節傷由救父死係因風與聲請之例

相符是照例票簽外添寫改為斬候簽進　呈伏候

欽定　以上簽式均仝前

楊克甯依擬應斬著監候秋後處決餘依議

楊克甯著從寬免死減等杖責發遣邊遠充軍餘依議

查本內楊克甯因伊母胡氏被緦麻兄楊克全揪跌倒地騎

壓毆傷該犯聞喊趨至拉勸不開一時情急用木棍嚇毆適

傷楊克全殞命刑部將楊克甯問擬斬候聲明救母情切減

軍請
旨臣等核其情節實係在危急情切救護與兩請
之例相符是以照擬票簽雙簽進
呈伏候
欽定
馮思源依擬應絞著監候秋後處決馮居太不准減徒餘依議
馮思源依擬應絞著監候秋後處決馮居太准其減徒餘依議
查本內馮居太因期親服叔馮思立毆傷伊父馮思源該犯
情急救護亦毆傷馮思立脊背等處馮思立轉身撲毆該犯
畏懼逃跑嗣伊父將馮思立連毆斃命之時該犯並未在場
刑部將馮居太問擬杖流照例減徒夾簽請
旨臣等核其
情節該犯所毆傷甚輕淺救父情切並非無故逞凶干犯與

量減之例相符是以照擬票寫雙簽進
呈伏候
欽定
彭志孔依擬應斬著監候秋後處決餘依議
彭志孔著從寬免死照例枷責准留養親
查本內彭志孔因思麻叔祖彭幗均棍毆伊母倒地該犯喝
勸不理伊母在地喊救一時情急順用鐮刀砍傷彭幗均殞
命刑部將彭志孔問擬斬候聲明救母情切減軍請
旨
臣等核其情節實非有心干犯並查該犯之母年逾七十家
無次丁與聲請之例相符是以照擬票寫雙簽進
呈伏候
欽定

王悰懦依擬應絞著監候秋後處決餘依議

王悰懦著從寬免死照例枷責准留養親餘依議

凡救護情切有服制者夾簽平人則否援

赦者票單簽援

例者票雙簽

查本內王悰懦因伊父王元宜被劉玉賢揢按拳毆該犯情

急踢傷劉玉賢殞命刑部將王悰懦問擬絞候聲明救父情

切累減杖徒請

旨並查犯父年已八十家無次丁照例

聲請留養　臣等核其情節實係事在危急與兩請之例相符

是以照擬票寫雙簽進

呈伏候

欽定

查本内陶加賢因伊母被陳均傳推跌搶毆該犯聞喊趕出一時情急用拳架格適傷陳均傳殞命刑部將陶加賢問擬絞候聲明救母情切減流請

旨並查犯母守節逾二十年家無次丁照例聲請留養臣等核其情節實係事在危急與兩請之例相符是以照擬票簽雙簽進

呈伏候

欽定　簽式同前

王化一依擬應絞著監候秋後處決餘依議

王化一著從寬免死照例減等杖流餘依議

查本内王化一因伊母陳氏被王珺畛搶按在地欲毆該犯

聞喊救護抽取木扁担毆傷王珺畛殞命刑部將王化一問
擬絞候聲明救母情切減流請
旨臣　核其情節實係事
在危急情切救護與兩請之例相符是以照擬票寫雙簽進
呈伏候
欽定

洪百萬著即處絞餘依議

洪百萬改為應絞著監候秋後處決餘依議

查本內洪百萬因伊父洪正堂被游占鰲游之渙叔姪攢毆
該犯聞喊趕護見伊父倒地危急順用刀將游占鰲戳傷其
時游之渙尚按住伊父不放該犯又戳傷游之渙先後殞命

刑部將洪百萬問擬絞決聲明情切救父可否量減請
旨　臣等查毆死一家二命之案例無聲請明文而此案死者本屬
理曲凶橫該犯見父危迫情切救護與尋常毆死一家二命
者有間是以照擬票簽外添寫改為絞候簽進　呈伏候
欽定
趙得寅依擬應絞著監候秋後處決餘依議
趙得寅著從寬免死照例減等杖流餘依議
查本內趙得寅因伊父趙得祥被傷楊三信用槍扎傷該犯
排護奪槍回扎適傷楊三信身死刑部將趙得寅問擬絞候

比例減流請旨臣等核其情節該犯之父年七十九歲

因被傷負痛難忍自縊身死該犯又抵於法是以二命抵一

命情堪矜憫與兩請之例相符是以照擬票寫雙簽進呈

伏候

欽定

陸金海著即處絞餘依議

陸金海改為應絞著監候秋後處決餘依議

此種式樣票擬雙簽應看本酌定刑部並無夾簽

查本內毆死賈五賈士義一家二命之陸金海刑部照例問

擬絞決聲明該犯充當屯達因賈二等先在該犯屯達欲放

賭局經該犯赴旗衙門控告責放後賈二等仍不安分復經
控部飭臬遞籍山東在途脫逃嗣賈五等因向人索欠爭吵
經該犯欲行送官賈五遂挾嫌糾同賈二等將該犯之父陸
春毆斃該犯亦毆死賈五賈士義叔姪二命死者雖係一家
惟已死之賈五挾嫌糾同父子叔姪登門尋毆實屬濟惡逞
强且賈五究係毆斃伊父之人亦與無故連斃二命者有間
恭候
欽定臣等核其情節該犯因伊父先已受傷互相
鬬毆死者即係毆斃伊父之人既據刑部將情節敘明請
旨是以照擬票簽外添寫改為絞候簽進呈伏候
欽定

于二麻著即凌遲處死餘依議

九卿定議具奏

此等本須臨時酌定或票卿議或票改為應斬監候以第一

簽係凌遲罪名太重故也

如本內引有成案即照成案票改為云云於說帖內敘明如

只云夾簽請旨只好仍票卿議

查本內于二麻因胞兄于大麻醉後指罵伊父並持刀行凶

伊父于好智氣忿商同伊母孔氏將其勒死用繩從于大麻

背後套勒脖項拔跌倒地喝令該犯相幫該犯跪地求饒被

逼無奈分執繩頭拉勒于大麻殞命刑部將于二麻問擬凌遲
聲明與逞凶干犯者有間夾簽請旨臣等核其情節死者
凶惡蔑倫罪應死該犯被父嚇逼始行勉從情實可矜與聲請
之例相符是以照擬票簽外添寫九卿議奏簽進呈伏候
欽定
查本內張進高因胞兄張進申推跌伊母成傷並强姦孀嫂
已成伊母楊氏邀允族衆綑縛送究該犯代兄求饒不允張
進申嚷罵並稱日後將母等殺害楊氏忿極起意將張進申
活埋該犯復向跪求因於母命聲同將張進申推入坑內掩

埋甕命刑部將張進高問擬淩遲處死聲明並非無故逞凶
干犯夾簽請　旨臣核其情節死者將伊母推跌致傷並
強姦期親孀嫂已成實屬瀆亂倫罪犯應死該犯迫於母
命勉從下手其情實堪矜憫是以照擬票外添寫九卿定議
具奏簽進　呈伏候　欽定

查本内沈開如因胞兄沈開萬節次忤逆並將其母金氏詈
罵拉跌金氏氣忿喝令該犯將沈開萬勒死該犯哭泣求饒
金氏不允並欲自尋短見該犯被逼無奈用繩〔勒〕幫同開萬殞
命刑部將沈開如問擬淩遲聲明迫於母命夾簽請　旨

臣等核其情節死者係屬罪犯應死該犯聽從母命勉從下手與無故逞凶干犯者有間其情實可矜憫是以照例票簽外添寫九卿定議具奏簽進　呈伏候　欽定

查本內謝黃腫仔因胞兄謝爵明刃傷伊母手腕肆行混罵伊母忿極起意活埋並云如不處死即行自盡逼令該犯挖坑自將謝爵明推入坑內斃命刑部將謝黃腫仔問擬凌遲聲明迫於母命夾簽請　旨臣等核其情節死者蔑倫罪犯應死該犯勉從下手並非有心干犯與聲請之例相符是以照擬票簽外添寫九卿定議具奏簽進　呈伏候　欽定

查本内孔狗仔因胞兄孔素仔嗜酒遊蕩經伊母屢訓不悛又行竊有案伊父氣忿莫遏逼令該犯等幫同將孔素仔活埋致死刑部將孔狗仔問擬凌遲聲明迫於父命夾簽請

旨臣等核其情節當伊父喝令掘坑之時該犯跪地求饒伊父以若不依從伊先尋死之言相逼並用頭碰墻該犯無奈勉從與無故逞凶干犯者有間其情尚可矜憫是以照擬票簽外添寫九卿定議具奏簽進

呈伏候

欽定

查本内童連祥因胞兄童在祥向伊母張氏頂撞混罵伊母訴知族長童大潮等將童在祥責處童在祥回家仍敢混罵

並稱欲將一家殺害伊母忿不可遏投河身死童大潮以童
在祥不孝蔑倫起意將其細縛溺斃該犯不允童大潮責其
輕母重兄逼令動手將童在祥推河溺斃刑部將童連祥問擬
凌遲聲明情可矜憫夾簽請
旨臣等核其情節死者向
母辱罵致母忿激自盡本屬罪犯應死該犯聽從族長推溺
致斃並非無故逞兇干犯聲明請
旨之例相符是以照
擬票簽外添寫九卿議奏簽進
呈伏候
欽定
以上簽式均同前

熊暢仁著即處斬餘依議

熊暢仁改為應斬著監候秋後處決餘依議

查本內熊暢仁因胞兄熊粹仁將伊父扭住搶按在地該犯救護伊父喝令毆打該犯不敢動手因伊父在地碰頭誠恐被按受傷情急嚇踢適傷熊粹仁殞命刑部將熊暢仁問擬斬決聲明並非有心干犯夾簽請

旨臣等核其情節死者扭按伊父本屬逆倫應死該犯情急救父聽從父命嚇踢適斃其情實可矜憫是以照擬票簽外添寫改為斬候簽進呈伏候

欽定

鄭士全著即處斬鄭士德依擬應絞著監候秋後處決餘依議
鄭士全改為應斬鄭士德依擬應絞俱著監候秋後處決餘依議
查本内鄭士全因伊胞叔鄭安先將伊父鄭體先毆傷重至
骨斷又將伊父髮辮扭住伊父喊救主令幫毆該犯順取鐵
鎚毆傷鄭安先殞命刑部將鄭士全問擬斬決聲明與有心
干犯者有間夾簽請　旨　臣等核其情節死者罪犯應死
該犯聽從父命幫毆適與聲請之例相符是以除鄭士德
照擬票簽外其鄭士全一犯添寫改為斬候簽進　呈伏候
欽定

朱二著即處斬餘依議

朱二改為應斬著監候秋後處決餘依議

查本内朱二因出嫁胞姊汪朱氏與汪位臣通姦被姑徐氏
捉獲告知伊父朱輝先欲行休回朱輝先忿急囑令該犯將
朱氏殺死該犯央求不允欲行自盡並給藥刀逼令立刻殺
死該犯被逼無奈聽從前往將朱氏毆傷斃命刑部將朱二
問擬斬決聲明迫父命夾簽請
旨臣等核其情節死者
本係犯姦出嫁之姊該犯聽從父命毆傷致斃與聲請之例
相符是以照擬票簽外添寫改為斬候簽進
呈伏候

欽定

李令臣著即處斬餘依議

李令臣著減等杖流餘依議

查本內李令臣因胞兄李吉臣强姦伊妻姜氏未成經伊母
陳氏扭毆李吉臣將伊母推跌復頂撞混罵陳氏忿急取出
鐵尺喝令該犯幫毆該犯代為求饒陳氏聲言如不毆打定先
自盡該犯被逼無奈接過鐵尺毆傷李吉臣殞命刑部將李
令臣問擬斬決聲明並非無故逞兇干犯援例減流請旨
臣等核其情節死者淫惡蔑倫罪犯應死該犯被母嚇逼勉

從下手與王仲貴之案相符是以票寫雙簽進
呈伏候
欽定
查本内張廷會因胞兄張九明强姦伊妻馬氏未成被伊母
李氏扭住欲毆張九明出言混罵並將李氏撞跌倒地伊父
張桐氣忿揪住張九明髮辮取刀遞與該犯令其代砍該犯
再三跪求伊父聲言如不聽從伊即自盡該犯被逼接刀嚇
砍適傷張九明殞命刑部將張廷會問擬斬決援例減等請
旨臣等核其情節死者淫惡蔑倫該犯迫於父命與王仲貴之案
相符是以票寫雙簽進
呈伏候
欽定
簽式同前

張朝佑依擬應斬著監候秋後處決餘依議

張朝佑依擬改為杖流餘依議

查本内張朝佑因伊降服胞兄張朝左强姦子媳吳氏經伊母趨視喝罵張朝左將母推跌倒地復用鐵鈀向毆與母拚命張氏忿急取棍遞與張朝佑喝令毆傷張朝左殞命刑部將張朝佑問擬斬候援案減流奏請

定奪臣等核其情節死者淫惡蔑倫罪犯應死該犯勉從下手與王仲貴之案相符是以擬票雙簽進

呈伏候

欽定

鮑大年著即處斬餘依議

鮑大年改為應斬著監候秋後處決餘依議

查本内鮑大年聽從胞叔鮑二炮手殺死小功服叔鮑進財

一案刑部將鮑大年問擬斬決聲明事犯在

恩詔以前

係謀殺小功尊屬不准援免惟已死之鮑進財本係罪犯應

死可否將鮑大年減為斬候請

旨

臣等核其情節死者

本係罪犯應死該犯聽從下手加功既據刑部聲請量減是

以照擬票簽外添寫改為斬候簽進

呈伏候

欽定

查本内顏雲賢因伊胞兄顏篤賢向謝余氏索詐醫錢致謝

余氏服毒身死顏篤賢畏罵尋死抵賴自將腰帶繞項逼令
該犯拉勒殞命一案刑部以倫紀攸關較之故殺期親尊長
情罪稍輕仍照鬪毆傷死胞兄律將顏雲賢問擬斬決臣等
細核案由該犯當伊兄囑令拉勒之時用言勸解迫被催逼
無奈勉從既與故殺之案罪名較輕仍照尋常鬪毆傷死胞
兄者有間是以照擬票簽外添寫改為斬候簽進　呈伏候
欽定
查本內罪干立決而情可矜憫之犯臣等聲明具奏仰蒙
聖恩量為寬減各在案今此本內山西文水縣民婦劉氏因子趙

元領犯竊被護聽人教唆欲行圖賴捕役先用刀自行劃傷
頭顱復令伊媳趙氏代砍致傷顖門劉氏仍令狠砍趙氏情
急攜刀往浼夫嬸楊氏勸阻詎劉氏堅欲拚命取鐵火炷自
毆倒地磕傷殞命刑部以倫紀攸關照毆夫之父母律問擬
斬決臣等細核案由劉氏身受各傷內趙氏所劃之傷甚屬
輕淺且伊姑實係藉脫子罪逼令代砍與自干犯有意毆打
者情節不同遽予斬決似覺情輕法重是以照擬票簽外添
寫改為斬候簽進　呈伏候　欽定
查本內何玉保因胞伯何成書調戲繼子媳不從爭鬧向勸

並被誣姦尋毆該犯忿激難堪糾允史千小子等毆打該犯
臨時畏懼未往不期史千小子將何成書毆傷斃命刑部將何
玉保問擬斬決聲明與無故逞兇干犯者有間臣等核其情節
死者實係傷化罪人該犯又未同場共毆是以擬票簽外添
寫改為斬候簽進
呈伏候
欽定　簽式均同
小何田氏依議應絞著監候秋後處決餘依議　應票依擬應絞
小何田氏著從寬免死照例減等收贖餘依議　一
查本內小何田氏因幼子何開祥泥汙衣服將其責打適伊
姑老何田氏探親回家聞知將該氏嚷罵欲毆該氏並未回

言進房躲避詎老何田氏痛惜幼孫抱忿自縊殞命刑部將
該氏問擬絞候聲明該氏責打幼子時伊姑並未在家實無
違犯教令之處而老何田氏之自縊又出該氏意料之外核
與嘉慶十一年題覆貴州省田綜保同妻彭氏責打幼子致
母康氏痛孫自縊奉　旨將田綜保等減流之案情節無
二是以照擬票寫雙簽進　呈伏候　欽定
本內無秋後處決而簽內必須票出另擬絞監候保辜限外
者仝

姜紹先依擬應絞著監候秋後處決餘依議

姜紹先著減等杖流餘依議

查本内姜紹先因拾捧向伊妻姜老仰毆打其母楊老晚聽聞趕出喊阻行走匆忙被小板櫈絆跌致磕傷胸膛殞命刑部將姜紹先問擬絞候聲明該犯於伊母喝阻之時其妻正在哭喊因伊母聲音低小該犯未經聽聞即伊母失跌斃命事出不虞亦與抱忿輕生者有間核與嘉慶十一年題覆貴州省田淙保之案情節尤輕是以臣等照擬票寫雙簽進呈伏候欽定

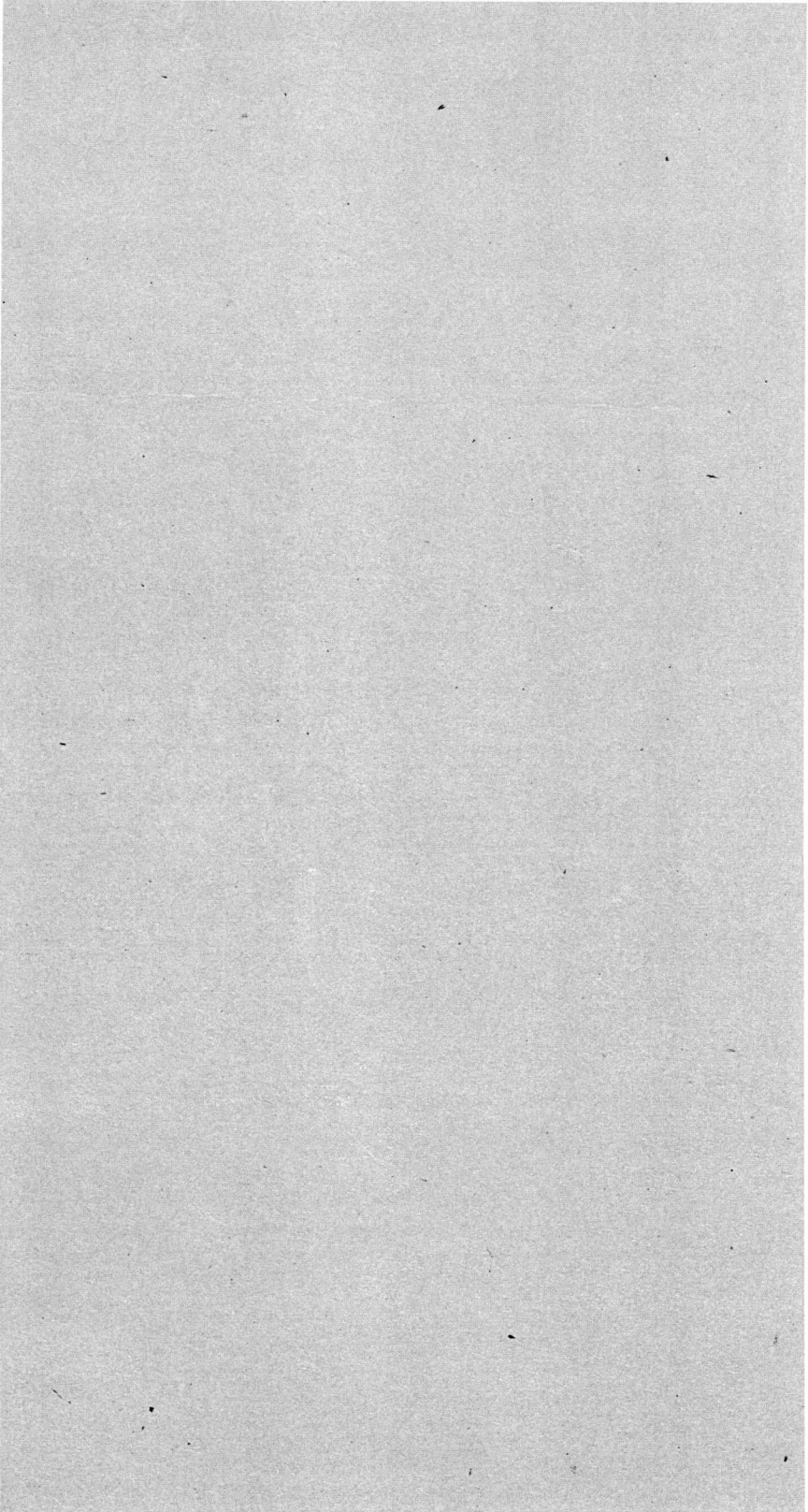